自閉っ子のための

道徳入門

社会《みんな》の中で生きる子どもを育む会――著

花風社

質問

自閉症の人に
「いいこと」と「悪いこと」の区別は
つけられるのだろうか？
自閉症の人は
「いいこと」と「悪いこと」の違いを理解して
社会《みんな》の中で生きていけるのだろうか？

自閉症の人が問題のある行動をしている
アーッ
アッアーッハ
さて
どっちが正しい？
その1…
障害があるから大目に見る
ホウッ
ホウッ
ガシャーン
ガラガラ

ボカッ
いいよ いいよ
そのまんまで
いいよ
だんだん
偏見が募り
みんな離れて
いく・・・
ありのままの
きみで
いいのよ
その2・・・
わかりやすい方法を見つけて
きちんと教えてあげてー
ぺろっ
大人になって
やったら犯罪です
ここと あそこ
では
そーゆーことしちゃ
絶対ダメ!
ルールを守れる人に
なってもらう

絵カードで提示したり
書いて
教えてあげたり
あるいはー
身体感覚から
コミュニケーション能力を養ったり

2の方が
いいな…
だって教えれば
わかる人たちなんだから
ちゃんと教えている人が
いるから
どうやって
社会のルールを
教えているかー
見に行こう
旅に出ることにした

目次

1

「世の中への恨み」をどう解きほぐしていったか

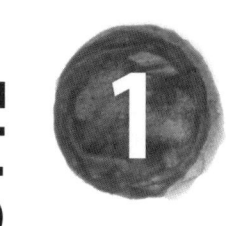

さて、「自閉っ子に道徳を教える」方法を探る旅。
まずお会いしに行くのは「優まま」さんです。

優ままさんには以前も、取材させていただいたことがあります。発達障害のお子さんは、タイプとしては「積極奇異」の方。このタイプのお子さんがしばしば二次障害として抱きがちな「世の中への恨み」を、少しずつ少しずつ解《ほど》いてきたという体験が印象的でした。

療育資源も比較的ある都会暮らし。親の会などにもかかわって活動していらっしゃったけれども、そういうところでは当時「社会に理解を促す」という風潮が強く、「この子を教育して発達を促す」という視点が薄かった傾向もなきにしもあらずだったようです。

優ままさんはその方針を、ある時点でご自分の中ですっぱり変えた方です。息子さんが社会《みんな》の中で生きていける大人になるようにはどういう方針が有効なのか、それを真剣に考えられて方針転換をされたそうです。

以前お会いしたとき、印象に残ったのは優ままさんの笑顔でした。息子さんは以前、他の人に害を与えかねないほど大変な子どもだったけれど、そこからここまで成長してきたことを喜ぶ笑顔です。これまでも成長してきた。だからこそ、これからも成長を信じられるのだと話してくださいました。

それが強く印象に残っていたのですが、今回真っ先にインタビューをお願いしたのは、SNSの中で私が書いたブログに、こういうコメントをくださったからです。

「このままでは犯罪者になってしまうと思った時期もあった」。

これはなかなか、親の立場として言えることではありません。肝が据わっているなあ、と思いました。そして今はそういう風にはならないという自信があるからこそ、書けることでしょう。

積極奇異で多動でケンカ騒ぎも多かったお子さん。まずはこれをどうにかしよう、と、支援級でのお勉強を選びました。知的障害がないため、周囲に反対する人もいました。けれども、目標を立てました。高校に行くときには、普通高校に行こう、と。

そしてその目標を見事クリアして、春を迎えました。

ここまでの道のりを、ぜひ聞かせていただきたいと思います。

さて、ごとごとと電車に揺られながら、優ままさんにお会いしに行きましょう。

積極奇異の性質は、困りものだけど財産です！トラブル続きだった子が、人を好きになるまでの日々

「このままではいけない」

浅見 こんにちは。今日はインタビューをお受けくださりありがとうございます。優ままさんとは中田大地君（『ぼく、アスペルガーかもしれない。』等著者）のお母様が主宰しているSNSで交流させていただいていますが、今回この企画にご登場いただこうと思ったのは、私がSNSの中で書いているブログにいただいたコメントが印象に残ったからなんです。今高校生になった息子さんの幼児期を振り返り、「このままでは犯罪者になってしまうと思ったこともあった」とお書きになっていたじゃないですか。それが「腹をくくってるなあ」と印象に残ったんです。なかなか親の立場として言えることじゃないなあと思って。

優ままさん　そうですよね～。あそこで初めて言ったんですよ。ブログでもそこまでは書けませんでしたね。でも本当は心の底でずっとそれを考えていて、大きな声で言いたかったけど、聞いたらみんな「引く」だろうなと思って。どこにも書けなかったんですけど、あそこに初めて書きました。

そう思われたということは、やはり優くんはケンカとかがすごかったんでしょうか？

ケンカというより、なかなか治らないパターン化してしまった癖があって。

どういうことがパターン化していたんですか？

うちの場合は「ちょっかい」です。ひょっと人のこと触るとか、そういうことがパターン化してしまって、とにかく幼稚園から始まって学校に入ってもちょっかいちょっかいで。やっと最近はなくなりましたけど。ちょっかい出されると、まあいい反応は帰ってこないですよね。そうするとそれに対してまた反応してしまう。トラブルが起きないわけがないんです。

それは幼稚園のころからすごかったんですか？

そうですね。ちょっかいがすごかったです。そしてそこから始まるトラブルが絶えなくて、これを続けていたら、そういう方向に行ってしまうなと思っていました。

それでニュースとか本とかで、刑務所に障害のある人がいっぱいという話を知って、これはいけないと思ったわけですか。

「叱ってはいけない」というアドバイス

そうです。なのにそのちょっかいに関して、精神科医や支援者は「これには理由があるんだからむやみに叱ってやめさせても意味がない」というようなアドバイスをします。親の会でも「それは探索行動だからお母さんがやめさせなくても時期に治まるから」と言われて、注意しに行きたいようなことをしていても「いいからいいから」と止められて……。

探索行動だとしても、積極的に介入して代替手段を見つけてあげたほうが早いですよね。今の感覚統合療法の成果とか見ていると。

そうそう、そうなんです。

でもそのときには「そのうち治まるわよ」だったんですね。

「ありのままでいい」という方針が二次障害を育んでいく

はい。でも治まらないんですね。で、対人トラブルが増えるんです。そしてどんどん「社会が悪い」とまではいかないけれど、そういう傾向の思考に陥っていくんですね。ところが支援者の方は、理由があって感覚刺激を求めてちょっかいというかたちになっているんだから、認めてあげないといけないとか保障してあげないといけないというようなことを言います。怒らないでください、そのとおりさせてあげてください、もっと危険なことから介入しなさい。ちょっかいぐらいかわいいもんです、とか言われるんです。叱ってはいけないみたいなことになってくる。すると本人も「自分は悪いことしていない」みたいな思考をし始めて……。

小学生くらいで?

そうですね。小学校に入ったときはもうちょっと問題が複雑になってきていました。問題児クンみたいな子もいるじゃないですか。被虐待児、ネグレクトされている子なんかも。そういう子の所に吸い寄せられていくんです。気になるんですね。そういう子とケンカみたいになっちゃうと、まあ相手も悪いところもあり、周りも優くんは悪くない、と言ってくれちゃったりするのもあって、「僕は悪くない」みたいになっちゃうんですね。そうすると認知がどんどんゆがんでくる。そのうちにその何人かとの敵対関係が優の中でものすごくクローズアップされて、人に対して敵対意識が芽生えてきてしまったんですね。

で、相手の子も意地悪みたいなことを口にしたりする。だから最初はうちの子のちょっかいから始まって、そこに色々なマイナスのものが積み重なって、行動的に問題がある子たちと日常的にぶつかるようになったんです。
そしてそのぶつかりの中でどんどん悪い考え方ができてきてしまう。毎日ケンカみたいになったりとか。そして、憎いという気持ちがどんどん募ってしまって、もうこのままではまずいと思うようになりました。
病院に行き始めたのはまだ二歳、三歳というときだったんです。結構早くから動いていたんですけど、どんどん良くない方向に進んでいきました。

最初は怒ってばかりですよね、しつけのつもりで。

普通にお母さんが子どもにやるように。

そうですそうです。虐待じゃなく、普通に親が子にやるように。でも医者から言われるのは怒っていてもしょうがないということで、朝起きて夜寝るのができてればいいっていうところから始めましょう、みたいな感じになって、それもまあ一理あったんですけれども、大事なことを叱らない努力に向けましたね。だから悪い循環が起きても当たり前です。

お子さんは外で問題児とケンカしてきて、自分は悪くないという思考をどんどん毎日強めていくし、それに対してお医者さんはわけがあってやっていることだから理解してあげなさい、と言って、お母さんとしては叱るのはやめて……。

そうです。危険なことだけは注意、とか、そういう風に言われるじゃないですか。

そういうのを厳選に厳選して「怒らない、怒っちゃだめなんだ」みたいに思い込んでいました。

ああなるほど。

「普通の世界」から孤立していく

でもそういうのって通用しないじゃないですか。

子どもも子どもの世界で通用しないし、私も親として通用しないんです。だから余計つらくなっちゃうんですね。怒らないからよ、と周りから言われるし。

普通の人たちからはそう言われますね。

そうです。だから私も孤立しちゃうし、子どもも孤立しているし、地獄のようでした。

それは小学校に入ってからも？

孤立は幼稚園のときですね。そして小学校は、入ってから私がずっと小学校にいたので、周りから責められて孤立するということはなかったです。いろいろなことを未然に防いでいたので。

でも未然に防ぐことで、学習のチャンスがなくなってしまいました。何も起きないようにしているだけなので。その場で解説したりとか、そういうこともせずに。

それはお母様がつきそっていて、息子さんが誰かともめそうになると、はい、だめよ、と離すわけですか？

そうです。離すんです。終わり、っていう感じで。

じゃあそこでも学習のチャンスとめぐり合えなかったわけですね。

トラブルは起こさないけれども学習は全然していない、という感じで。でもやはり学校側も、トラブルが起きなければいい、みたいな感じがあるので。

ああ、そうですね。

この子とこの子でお話し合いをさせてほしい、とかそういうのも難しかったし。さて今日も問題は起きなかった、さあ帰りましょう、みたいな感じになってしまって。小学校は集団生活の場なのに、すごい孤立というか、すごいおみそでした。

親子で通って孤立していらしたんですね。

そのときは普通クラスにいらしたんですね？

はい。で、子どもが何かしでかしそうになったら「おっとっと」と介入して防ぐ。子どもからしたら「何も起きないけど何も学ばない」という状態でした。これって意味ないなあと思っていました。

でも学級運営上はきっと合理的なんですよね。

そうですね。先生方は「ありがとうございました、助かりました」みたいな感じで。

お母さん来てくれるからいいわあ、と思ってらしたでしょうね。

「自分は悪くない」という誤学習

そうです。でもうちの子は何も学んでいなくて。それでもちょっと問題児みたいな子とぶつかっていくわけですよ。他の子はスルーするようなちょっかいでも、そういう子はスルーしないので。するとそこでまた誤学習が入って……。

ここでいう誤学習とはつまり、自分は悪くないっていうやつですね。

そうです。悪いのは相手、っていう。

なるほど……。

そういうことがあって支援級に行ったんですか？

はい。ここでは学べないと思って。勉強も学べなければ自分の律し方も学べない。さらに自分は悪くない、被害者だというような誤学習が繰り返される。これではまったく意味がないなあと思って。知的に遅れがないからと反対する人もいましたが、勉強に取り組める取り組めない以前の問題だったので。

それに親として一生懸命になるところが違うだろうと思いました。一生懸命一日中学校に付き添って、結果息子は何も学んでいないなんておかしいですよね。

支援級に移る直前の頃は、優は本当に精神的にもすごく不安定になってしまって、すごく乱れてしまったんですね、行動が。いつも家を出るとき鉛筆を手に持って出るんです。防衛のために。

なるほど。

それを持っていないと一歩もうちから出られないという感じになって。

怖くなっちゃったんですね。

そうです。怖くなっちゃって。こちらから見るとうちの子が先にちょっかい出しているんですが、息子の中では誤学習しているから、みんながいじめるとか、外に出るときは闘う準備しなければいけないとか、そういう認識になっていったんですね。例えば何か自分の邪魔になる音を立てたりする人がいると、この人は自分に向かって攻撃というか、悪意を向けているんだ、という認識をするようになってしまったんです。世の中みんな敵、みたいになっちゃって。小さなちょっかいを許したというところから始まった誤学習が悪い方向に悪い方向に行って……。

「ちょっかいを叱ってはいけない」と周囲が信じていたところから始まった誤学習だったんですね。

そうです。そこから始まった誤学習の積み重ねが……。

世の中を恨むところまでいってしまったんですね。

ていう感じだったんですね。

なるほど。

「世の中は敵だ」という考えを改めたい

で、本当に恐ろしくなっちゃって、このままではまずいと思って、まずは「世の中が敵だ」というところを最初に治さないと、勉強どころじゃないと思ったんですね。

でも通常級にいてはそれは学習できない。なぜかというと色んな子がいて、うちの子のちょっかいをやめさせようとしても、向こうからちょっかいかけてくるような関係が築かれてしまっていたんです。あと小学校の先生も当時は、ＡＤＨＤって何？ みたいな感じだったんですね。

特別支援教育法が施行されるちょっと前に一年生になったので、先生たちも知らない、というのがあって、ここにいさせてもこの悪循環は断ち切れない。

でもうちの子を見てみると、そんな悪人でもないし、「いい子になりたい」ってまだ思っていたんですね。みんなと仲良くなりたいと思っているし、ほめてほしいとも思っている。先生が好きだし、毎日学校に行きたいとも思っているんですね。だけどこのままここでこんな毎日を繰り返していたら、この子のこういういいところはどこかに消えてしまって、きっと世の中は敵、やられる前にやらないとだめ、と、それがもうどんどんどんどん育ってしまうなと思って、行く先は犯罪者なのではと思ったことさえありました。

はああああ。なるほど。

それは本当に怖かったです。

やっぱりその、小さいお子さんを精神科に連れて行くっていうのもなかなか勇気がいることだと思うんですね、親御さんとしては。

そうですね。

それだけ追い詰められていらしたんだろうなあと。

そうですね。

そういうところに連れて行って見てもらわなければいけないのではないかと思ったのはいつごろだったんですか?

それは三歳のときです。

三歳ですでに。

三歳児健診のときに、もうちょっと違うなと思っていて、

多動がすごかったとか?

多動はすごかったですね。うちは自閉よりも多動が目立つタイプで、でも自閉がないかっていうとないわけでもない、という感じなんですね。小さい時から本当にじっとし

ていなくて、もうそれは大変だったんです。だけど三歳児健診のときはたいてい「様子見ましょう」って言われるんですね、今はどうか知りませんけど、そのころは。でもちょっと様子見たくないって思って、さらに相談を申し込んだんですね。そして相談を繰り返していたんだけど、公的機関のそういう人ってあまり真剣じゃないというか、会話も成り立つし、その場にいる他の子と遊んだりしているので、大丈夫ですよ、って。

親と支援者は求める水準が違う

だからまぁなんか多分、親と求める水準が違うんですよね。親はやっぱり、自分の子が将来悪いことするようになってほしくないとか、そこまで考えると思うんですけど。

そうなんです。子どもの人生を考えるからそうなんだけど、公的機関の人は、重い知的の障害があるとか、重い自閉があるとか、そういうところに基準を置いているようですね。だからまあ、話し相手くらいやりますよ、みたいな対応しかされませんでした。幼稚園に上がって、やはり「違う」という感じが歴然としました。

先生は何も言ってこないんですけど、他の親御さんから電話があったりしました。苦情の電話ですね。

でも本人の心がけはとてもいいんです。「僕行ってきます！頑張ります！今日は友だちとケンカしないからね！」というとってもいい感じで出かけるのに、幼稚園に入ったとたんに何かしでかしているんです。この自分の心がけと結果の違いが本当にすごいんです。反省もすごくするのに、またやるんです。

そういう反省能力があるお子さんなんですね。それでも「わかっているのにできない脳」だったんだ。

そうですね。反省はすごくするんですよ。で、今日こそ頑張る、っていうし。忘れちゃうのか立ち直りが早いのかわかりませんが。なのに、何か刺激があるとすぐに反応しちゃう。それで、これはちょっと相談しないと、と思ったんですよね。

医療には出会ったけれど

それで精神科にいらしたんですね。

最初大きな病院に行って、数ヶ月検査待ちしました。そのころＡＤＨＤがはやり始めたときで、検査を受けて。でももう幼稚園での多動が激しかったので、幼稚園時代にすでにリタリンが出されました。

効きましたか？

リタリンはね、効くんですけど、うまく使えなかったですね。小学校の三年生くらいままで使ったんですけど、あまりこれで助かったという感じはなくて、コンサータが出てきたときには、すごくラクになったなという感じがありました。

うちの場合ですが、リタリンに関しては、量とか切れるタイミングとかがうまく見極められなかったんだと思います。コンサータにしたら、あ、これが薬が効くっていうことね、って実感できました。それがなかなか見つけられなかったので幼稚園と小学校低学年のときには色々なお薬出されて……。

これでダメだったらこれいってみようかとか。

量を増やしたり減らしたり。そう。ふらふらになっちゃったりとか。それはもう怖かったですね。

お医者さんとか支援者って何を考えているんだろう。たとえば問題行動を起こす子がいたとして、「やむにやまれずやっていることだ」って言ったって、大人になってやればおまわりさんにつかまっちゃうようなこともあるし。それでも「様子見ましょう」って、じゃあ医療や支援は反社会的行為なのかな? って思うんですよ。被害者が現に出ていても「様子見ましょう」なんて言っているのを見ると。

今のところの結論としては、たぶん社会的な影響うんぬんなんて、何も考えないで言ってるんだろうなと思って（笑）。

何も思っていないですよ、本当に。そうそうそう。何も考えていないですよ。

社会的な影響とか全然考えず、「やむにやまれず取っている行動だから」とそこしか見てないです。

だとしたら、医療者と親とギャップがありますよね。将来法に問われるようなことになっても、医者って別に関係なくいられるけど、親はたとえば損害賠償一緒に払ったりだとか、刑務所に入るようなことになったら大変だしというような、運命共同体の度合いが違いますよね。支援者は代わりに懲役行きません。

はい。真剣さが違うってすごく思いましたね。だって大病院で診断受けましたけど、待ち時間も長いし、子どもを診療しないんですね。私の話を聞いてじゃあこの薬、と処方されて。

そうなんですか!?
　ある意味、子どもを見ることを放棄しているんですか?

うちの子が落ち着かないのもあって。でも、私の話を聞いて、薬が増えたり減ったりするの。

怖いですね。

怖いでしょう? そんなのないだろうと思いました。

待合室で暴れてる姿だけでも見てほしいですよね。

そう。それがなくて、しかも三時間待たされるし。もう本当にこれはちょっとやだなと思ったので、今度は個人クリニックに変えたんですね。そこはプレイセラピーもやっているっていうことで、私の話も聴くし、子どもにも別の先生がセラピーをしてくれてお薬も出して、というところだったんです。それだったらもっと子どもの状態も診てもらえるかなと思って、そこに五年通ったんですけど、そこもひどかったですね。プレイセラピーしているときの様子と私の話を全然突合せとかしてなかったんです。

ああ、なるほど。お互いにお互いの仕事をしているだけだったんですね。

それだけです。で、医者は「本人には本人なりの理由があるから」といってよほどのことがない限りは受容しなさいという話をするし、学校でもそれを一生懸命お願いしてきたわけです。

で、やめるころにわかったんですけどプレイセラピーの先生は、きっと学校とかそういうところでは色々ガマンしているだろうからここでは思い通りの時間を確保してあげましたとか言ってて（笑）だからすべての場所で思い通り。

あはははは。野生状態。

そう、野生状態。もう、こっちきなさいって言うことすら聞かないくらいの状態でした。自分の感情とか要求にそのまま従うことをどんどんどんどん強化していた状態でしたから。そういう状況になって、もう本当に「なんていうことだああ」と思いました。

わっはっはっは。

今だから笑えるけど、それがわかったときはもう私は愕然としたし、これからどうしたらいいんだろうと思いました。ここまで食い違って誤学習が積み重なってしまったのに、このあとどうすればいいんだってもう本当に恐ろしい気持ちに押しつぶされそうでした。そんな感じだったのに、精神科医とかはまあこういうこともあるとか、それくらいのことしか言わないわけです。この人何も考えていないんだな、と思って、愕然としましたねそのときは。

そして親の会行っても「ありのまま、ありのまま」というありのまま系の人たちがいて。

そう。

で、子どもたちがケンカしてもそのまま見ているわけですね。

やっぱり「けじめ」を教えなければと目覚めた

そうです。本当に野生ですよ。狼に育てられたっていう感じ。ひどかったです。そんなとき、中田大地君のママのブログを読んで、本当にきちんとけじめを教えていらっしゃるのを知って、これだ！と思って。

でもそれはきっと今まで優ままさんが、お医者さんにせよ、支援者の人たちにせよ、プレイセラピーの先生にせよママ友にせよ、なんか違うなあと思ってきたからでしょうね。

なんか違いますよ、だってよくならないんだもん全然。

わはははは。

そう、全然よくならない。しかもその人たちの共通点として、私のことも子どものこともバカにしているというか。

バカにしている、とは？

できないだろうと思い込んでいるとか、考えられないだろうって思ってるとか、そういうのがぷんぷんするんですよ。後ろから手を回して環境を作っとくとか、そういう発想なの。ばーんと表から説明してこれが課題だ〜と言うんじゃなくて。親の会なんかでも、こういうことが目的でこういうことやっているんですよ、っていうのが後から種明かしみたいなのばっかりなんです。

後から種明かし……ちょっとわかりにくいかも。

つまり、例えば、いっぱい仕込んでおいて、でも子どもがさぞ自分でできたように思い込ませてあげるんですよ、とか。それもやり方の一つだとはわかるんだけど、そればっかりで、そういうウソが後からわかったりするとすごくげんなりしちゃうというか。正面から課題を意識して乗り越えようと努力する、という事を全然期待しないんです。頑張らなくていいって何度言われたことか。そんなのがすごく多かったんですね。精神科医も、ゆったり過ごさせてあげなさい。僕の言うとおりにしないからいつまでもよくならないんですよ、とか。

そんなことというんですか？ へー。

ね。でも精神科医もそんなに考えていないでしょ。私よりは考えてないでしょ、絶対。

うん！

私のほうが子どもの将来について百倍考えているわけじゃないですか。それなのになんでそこまで言える？ と。しかもプレイセラピーとの突合せもしてなくて、なんでそんな「僕の言うとおりやれば」とか言えちゃうのかな、っていうのがねえ。

神田橋先生は一日八十人とかごらんになるようですが、患者さんを廊下まで自ら呼びに出られるようです。そして呼ばれた人が廊下を歩いていくところから観察していらっしゃるようです。実際に外来に行った人がそこからもう治療が始まっていたという感想を言ってたんですけど。どういう風に廊下を歩いてくるか、それも情報なのかなと思います。

岩永先生は大地君のかけっこの写真一枚見て、どういう訓練すればいいとかおっしゃるんですよ。そういう先生たちと幸いご縁があったので、子ども診ないで薬出すっていうのは信じられないです。

信じられないでしょう。信じられないです。なのになんか、権限が大きすぎるっていうか。それでその精神科医は、全然よくならないのに加えて、私が中田大地君のママのブログなんかを見だして、積極的にかかわるようになって、ちょっとよくなってきたんですよね。そして私もなんか元気になってきて。その先生の言うことが違うと思ったときにはちゃんと「違うと思います」言えるようになって。ちゃんと言わなきゃだめだなあと思うようになって。それでうちはちょっと方針変えますって言ってみたら、急に今までちゃんと考えずに万能感にとらわれて無計画に対応してきてしまったって、謝ってきたんです。

言ったんですか？　なんでだろう。なんで急に？　それまで保護者に批判されたことがなかったのかな？

わかりません。そうかもしれません。実は批判にはすぐ妥協するタイプだったのかもしれません。私も医者の言うこと鵜呑みにして受容受容って思いこんでそれでやってきたでしょ。それじゃだめなんだってちょっとずつ気がついて、それじゃだめだったって言ったら、初めて無計画にやってきて医者として申し訳なかったとか言いはじめて。

へえええええ。じゃあそれまで考えていなかったんだ。たんに来て遊んで帰ったらそれでいいと思っていたんだ。

もちろんそういうお医者さんばかりじゃないと思いますけど。

その人は完全にそうでしたよ。でも、こちらが発達していないこと、方針に満足していないことを伝えたら、それを認めて謝ってきた。その言葉が本当なら、それ言っただけ誠実なのかもしれませんけど。

そうですよね。

それでも「五年間発達させようと考えてなかったんだこのひと！」と思って、

そんな人にまかせられないですね。

そう、びっくり仰天しました。これはだめだ、精神科医の言うこと聞いちゃダメだ、と思いました。

でも考えてみたら、私より考えている人がいるわけないんです。子どもの将来のこと。

うんうん。

精神科医はお薬出すとか、緊急避難的なとき話を聞くとか、それくらいの役目でいいんだなとか思って、

それ以上逆に期待しちゃだめなわけですね。

はい。期待しちゃだめ、っていうのがわかりました。

「人っていいもんだ」とわかりはじめた

なるほど。それでそこからやり方変えて、今の優くんはどうなんでしょう。誤学習

とかそういうことは。

小学校の六年生までに、人っていいもんだと、人は信頼できるものだとせっせと学習させることができて、そういう気持ちはずいぶん身について、みんなが敵だ、みたいなのはなくなったと思うんですよね。

それはどうやって？

担任の先生がよかったですね。学校の先生ってすごいですよ。毎日かかわるんですから。あきらめずに一生懸命かかわってくださって。そうしたら変わっていきました。うちの子は基本的に人が好きなので。

積極奇異のお子さんって、人が好きなんですよね。

そうなんですよ。

でもうまくいかないだけで。人は好き。それは財産ですよね。

そう。積極奇異の性質が問題の根源なんだけど、成長していく原動力でもあるんです。

そうですよね。神田橋先生も「強みは弱みの裏にある」とおっしゃっています。

そうそう。そのへんが極端なんです。本当にそう思いました。だからこれがなくなればどんなにラクかと思ったけど、これがあるから伸びるんだなあとも思って、先生も「きみのことが好きだよ」「応援しているんだよ」と伝えつつ、すごく積極的にかかわってくださいました。環境整備もありましたが、本人に訴えかけるようなまっすぐのやり方が優に届いたという感じでした。

きみのことが好きなんだよ、っていうのは、好きだから言うんだよ、っていうことですよね。

そうそう。好きだから言うんだよ、と訴えるようなかかわりでした。

あとは支援級だったからすごくシンプルな毎日で余計なトラブルになるような刺激がなくて。

友だちも大丈夫だったんですか？

友だちは重い子が多かったので、友情を築くということは難しかったんですけど、みんなのお役に立つとか、手伝うとか、そんななかで友だちというかそういう関係が築けたんですね。同じ学年は四人だったんですけど、それなりに結束した四人でしたね。あと一年生とか二年生とか小さいお子さんたちが、すごく慕ってくれたんですよね。うちの子は人が好きだからやはり余計なお世話をするんですけど、それがだんだんはずれなくなってきたっていうか。

ありがたがられるようになってきたんですね。

はい。それがまた息子の頑張ろうという気持ちに影響を及ぼして。六年生のころなんて本当に、今までの十二年間の人生の中で、一番幸せだろうなあと見ていて思いました。

やっぱりそれは先生が大きかったのですか。

先生が大きかったですね。

男の先生ですか女の先生ですか。

女の先生です。うちの子の卒業と同時に退官を迎える先生でした。

結構ベテランの先生でいらしたんですね。

そうです。もう今は先生ではないんですが、息子は自分で「あの先生が僕の人間としての土台を作ってくれた」って言っています。今でもすごく尊敬しています。

本気で向き合う大人が必要

なんでだろう。やはり本気で向き合ってくれたからかしら。

本気でしたね。初めての本気の人でした。見捨てなかった。見捨てないでくれたし、あきらめないでくれました。誤学習から人を敵対視する絡まった糸を一つ一つほぐしてくださいました。本当に感謝しています。高校に合格したときも、優は自分で電話して報告してました。本人も言います。先生があきらめなかったから、僕は時間をかけても立ち直れたんだって。

だから、発達障害関係のお子さんの場合、「受容」することの大切さが間違って受け取られて「あきらめ」になっちゃってきた面があるんでしょうね。

そうですそうです。あきらめちゃったら終わりだと思います。

うちの子は、自分の学習が遅いということもわかってるのね。色々な面で。勉強だけじゃなくて。でもあきらめなければだんだん学習していけるというのを体験してきたので、それはもう自分の中で成功体験になっているんです。だからよくこちらに対してもあきらめないでね、とか言います。学校の連絡帳に日記を書いているんですけどそこにも「先生僕はなかなかうまくならないけど、最後まであきらめずにお願いします」とかね、書いてます。

逆に言うと、あきらめられたという経験があったんでしょうね。

そうですそうです。普通級にいたときとか、親の会とか、精神科医のもとで放置されていた状態が、「あきらめられている」と受け取れていたんでしょう。そして今のクラスメートを見ていても、自分より能力が高い子もいるのに、空気も読めるしお友だちづきあいもうまいのに、伸びていかない子がいます。親があきらめるかどうかの違いだ、って優自身が言ってます。

そこまで見えているのか。

あきらめちゃっているから、毎日ゲームしてももったいないって。

もともとの地頭のよしあしはもちろんありますけど、あきらめるかあきらめないかは大きくて、自分がここまでこられたのも（っていってもまだまだですが）優としてはすごく達成感があるんです。で、それはあきらめなかったからだ、あきらめない大人たちが何人かバトンタッチをしてくれたからだ、って。

目標を持った中学生活

なるほど。それは素晴らしい。そして、中学の先生もよかったんですか?

よかったです。

どういう風に?

三年間ですよね、中学校は。入学したときに、状況をお手紙に書いて、三年間の目標はこのあたりだっていうのをお渡ししたんですね。

それはどういう目標だったんですか?

小学校でひどいときがあったでしょ。だから小学校では「世の中そんな悪くない」とか、「いい人もいれば悪い人もいる」ということと、「先生は自分を応援してくれている、先生の言うことって聞いたほうがいい」、あたりまで達成できていた状況だったんですね。

そこで、これからは最初は先生に橋渡ししていただきつつ、同年代の子と普通のかかわりができればなと。まだ同年代に対してはちょっと怖いなと思っていたので。同年代の中で動揺せずに過ごせるようになること。これが人間関係方面での目標でした。

それから勉強。落ち着いて勉強に取り組めるようにというあたりを目標にしています、とはっきり言いました。

もちろんできれば気の合う子ができたらいいし友情なんかも育ったらいいし。あとは自分の行動のコントロールがまだまだできないので三年生になったころはできるようになっているといいな、と。それが三年生になったころの目標だと思っています、と先生に言いました。

そしてそのためには家庭と先生との連携が絶対に必要なので、まだまだ、それをしていきたいです、というようなことを書いて先生に渡したんです。その時の先生が三年間ずっと担任をしてくださったんですね。クラス替えはあったんですけど、でも三年生までみたいと言ってくださったのがまあ実現したんですね。

最初はまわりの子と比べたらまだまだすごくはみ出していたので、ちょっとこう仲間はずれ的なそういう状況になったりとか、本人は受けを狙ってやるんだけど「どんびき」されちゃうようなことをやったりとか。

目に浮かぶようです。

そうでしょ。それをするからみんな遠ざかってしまうのに～とそういう感じで、まだまだ同年代の中になじむという感じは全然なかったんです。

だけど優は先生を神様みたいに思ってたから、先生の言うことだけは聞くようになっていて、先生の橋渡しや解説をいただきながら、ちょっとずつよくなっていきました。

そうだ。最初は本当に友だち同士のトラブルに親が出てきたりもありました。親も色々ですし。障害児だから特別扱いをどこまでも要求できるという治外法権のような主張を信じている人もいますし。

ただ先生もサラリーマンみたいな先生じゃなかったんですね。大事なところは何かというのをはずさないかかわりをしてくださいました。

最初は息子と先生の信頼関係を築くというのをしてくださったんですけど、やがて特別扱いに慣れすぎたなと判断すると、それは通用しないと教えたい、と。言ってくださいました。

すごい。そこまで。本当に社会人としてきっちり通用する人間に育てようという気のあった先生ですね。

はい。私のほうが、この子は根はいい子なので、なんかトラブルが起きても悪気はないと思うって言ったんだけど、先生は、悪気はないといえばないけれど、ちょっとこう、仕返ししちゃえとか、そういう気持ちはあると思う、って言ってくれたんです。

で、私はそのときびっくりして、それはない、衝動性の障害からくるものだ、と思うと言いました。だけど、もしあるとしたら、もうちょっと感情コントロールのところで本腰入れて修正しなくてはいけないかもしれないと思いました。

最初は意見が違ったんですよ、先生と。先生は、「だってここっていうときにはちゃんとできるんですよ」とおっしゃるわけです。でも障害特性に理解がなくてただやればできると言っているのではない、できるんじゃないかというのを見極めての言葉だったんですね。今から思えば。

で、私は、まだうちの子に限ってじゃないけど、いや、それは違うと思うんですよ。うちに帰って本人の話聴くとそんなことないしとか、でもそういう話が先生とできるようになってたので、私も気がついてきて、「ああやっぱり先生の言っていることわかりました〜」となりました。ここをしっかり締めないとよくないと思う、というような話し合いができて、そういうところにきちっとかかわってくださいました。そうすると子どもが先生最近僕に冷たいとか言ってくるようになったり、クラスのほかの子からうちの子が先生に嫌われているんじゃないのと言われたりの時期もありました。でもそれは乗り越えましたね。

先生がわかりやすく説明してくださり、本当にうちの子のことを考えてのことだということが本人に入ったから乗り越えていけたのだと思いますが。

恩に着せるのも支援

嫌われるかもしれない覚悟で教育してくれる人って貴重です。そして、恩に着せたほうがいいんですよね、この人たちには。

そうそうそう。だってね、わかんないの。「先生僕の事嫌いなのかな？」とか言うんです。それで、先生は優が伸びると思って、優を伸ばそうと思って厳しくしてくれているんだよ。いまどきそんな先生に巡り合えるなんて優は幸せだね！って言うんです。そうすると「そうか！」と納得できて、それで頑張ってついていったんです。

そう。『自閉っ子と未来への希望』の一番最後に藤家さんの「すべての母さんたちへ」っていうエッセイ載せましたけど、あれもねえ。お母さんが「私は至らない母親だった」って言ったのを真に受けて「そうか」と思ったようですから。

わはははは。

ずっとそう思っていたらしいです。だから最初に聞いたときに、ひどいお母さんだと思ってましたもん。でもお会いしたら本当に優しいお母さんで。でも理解に時間はかかったんだと思います。

そうなんですね。

ひとつひとつ娘の反応見ながら怖がりながらやってきたんだけど、でも愛情はすごくあるお母さんだということがお会いするとわかって。だから私ははっきりと「おたくのお母さん理解に時間はかかったかもしれないけどいいお母さんだよ」って言ったら「あらそうですか」と。

わははははは。

でも大人の人で、親のこと悪いと思い込んでいる人多いですよね。

多いですよね。

支援者はそれをうのみにして。

そうそうそうなんですよ！ 会社に関してもそうなの。私が傍で聞いてるとたんに新入社員にものを教えているにすぎないようなことを、障害理解がない、ってすりかえちゃうんですよね。支援者もそれ真に受けて。でも新入社員なんて全員叱られるでしょ。だから藤家さんにもお母さんはいいお母さんだよ、と恩に着せといたんです、かわりに。全部恩に着せないとだめ。中田大地君なんてめちゃくちゃ恩に着せられていいママだいいママだって言われているからいいですよね。

この前ニキさんと講演したときに、「自閉っ子には恩に着せたほうがいいですよ皆さん」っていう話をしたらニキさんが「恩に着せるって要するに情報提供なんです」って。

わはははは。その通り。本当にそう。

それを我々の文化の中ではちょっとはしたないものに思ってしまうかもしれないけ

ど、あの人たちには本当に言ったほうがいいです。「あなたのためを思って言っているのよ」っていうのを我々は斜めに見たりするけど、あの人たちは「そうなんだ！」って情報提供されてくれますからね。だから、本気は伝わるんですよね。

そうそう。だから私もすごく言います。例えば僕のゲーム機はみんなのよりずっと古いから誰とも交換できなくて持ってないのと一緒だとか文句言うので、そういう時はその場しのぎの事は言わず、「一生ゲームやって大人になってもゲームばかりやるような生き方をしたいのか、ちゃんと自分でやっていける生き方をしたいのか、自分で決めなさい」とか、「みんなと同じがいいと思うかもしれないけど、みんなの中にはもしかしたらゲームしかしない大人になる人もいるかもしれない。そこまで考えてゲームがほしいって言ってる？」とか、全部解説しています。

そうですね。親御さんも言語体力がいりますね。

本当にそうです。だから大分説明力がつきました。ワケがわかるように解説するっていう力がつきました。

あとね、みんなはもっと親に反抗しているとか言ったりするの。だからね「あなたね、ここまであなたのために一生懸命してて、反抗されたらやってられないわよ」とか言います。

わははははは。

ネタバレも支援

ネタバレですよね。素直に受け取る人たちだから、ネタバレは大事な支援なんです。

藤家さんは、以前お姫様体質なところがあったんですよ。自分で世界を背負っていて、新幹線に穴があくのも自分のせいだと思っていたんですね。で、私もニキさんに解説されて初めてわかったんだけど、自分が世界の中心だということは、この世の出来事は自分のために起こっているという一見鼻持ちならない面もあるけど、逆に言うと全部自分のせいというかわいそうな状態なんですよ。

なるほど。

テロも自分のせいで起きたりね。

大変ですね。

そう。大変なんですよ。だからね、「あなたは世界の中心じゃないのよ」って言われたら「あらそうだったの」みたいな。

わははははは。

肩の荷が下りたんですよね。とにかく根本的なところで誤解しているので。

そうなんですよ。根本的なところで誤解しているんですよね。

そういう人たちが世の中を眺めているんだから、やっぱりネタバレしてあげないと、世の中を恨みます。

以前入っていた親の会は逆でしたね。わざと隠して仕込むのが好きだったのね。

失敗は致命的ではない

なんで？？？

もうすっごいね、隠して影で仕込んどいて、僕は僕で普通に生きていたらうまくいきました、というのを作りたいというか。

ああ、じゃあ恩に着せるのの逆をやってるんだ。

そう。逆逆。

情報をあげていないんだ。

情報はあげないで成功体験を作ろうとしていたんでしょうね。でも私はそういうことするのがすごく苦しいのね。成功体験も、苦しかったけど自分の力で達成できたという成功体験のほうがずっと強いと思うし。

そういう親の会の人たちは、何がしたいんだろう？

わかんないですね。もうやめちゃったし。

成功体験を積ませたいというのが一番大きな希望で、あなたの実力でやったのよ、と誤解させたいくらい成功体験に飢えていたのかもしれないですね、逆に。

そうかもしれません。あとね、支援者の判断や言うことに保護者は完全に従っていましたね。親は自分で判断してはいけないという位の雰囲気でした。支援者が子どもたちに自信を付けさせようといろいろ仕込む、その作戦に親が乗るという構造でした。子どもに自信を付けさせるためなら時には善悪の判断さえ曲げることもあったほどです。

ふーん。すごく傷つけるのを怖れますよね。

そうですね。でも傷つかないで生きていくのは難しいですね。

致命的に見えても、それでも生きていけるよ、っていう情報を教えてあげるのが支援なんじゃないかと思うんですけど、

そうなんですよ。

支援者よ、「社会人」であれ。

なんか不思議なんです。以前発達障害の人による事件報道を統制していたときも「当

事者が傷つくから」っていう不思議な理由をあげていたり。アスペルガーの人が事件を起こして、アスペルガーという診断が下っている子が「僕もアスペルガーだから事件起こすの？」と言うのがかわいそうらしい。でもそこで「大丈夫だ。君はちゃんとした大人になる」と言ってあげるのが支援者の役目じゃないかと思うんですけど。そしてそうならないように一緒にやっていくために支援しているわけでしょう？「セルフエスティームが下がるから報道しないで」って、それを下げないのが支援者の仕事でしょう？なんで情報統制の方に走るのか心から不思議です。

ところで息子さんの小学校の先生も、中学校の先生も、「社会人」だったんですね。つまり、社会に送り出す気があった先生。

社会人でしたね。小学校のときにはまだうちの子の特性に合わせてというアプローチが強かったんですね。今から思うと特別扱いですね。支援級だったからそういうことも可能だったし。うちの子に合わせたプログラムだったり、合わせた居場所を作ってもらったりしました。

でも、そんな中で、優が自分のうちにあるゲームCDを支援級のパソコンでやりたくて持っていって、インストールしてやり始めてしまったことがあるんです。それを見て先生が、まあパソコン使っていい時間は決まっていたんですけど、ここまでするのはよくないと思う、これを許すのは危険だと思うと言ってくれました。

私もそのころは目覚め始めていて、それがいいと思っちゃったら人のもの勝手に使うとか、そういう風になっちゃうと困ると思いました。そして「先生、ここはすごく大事だから絶対ダメって言ってください」とお願いしたんですね。そういう話し合いが先生とできたんですね。そのとき、この先生は「社会に出るとき何が大事か」という点をはずさない視点を持ってくださっているなあと思いました。

お母様の話を聞いていると、世の中恨ませないということを一生懸命やっていらして、その先生は自分のもの他人のものの区別とか、そういうところを教えてくださったんですね。

そうですね。先生ははっきりした基準で叱ってくださり、うちでは先生が優の事を思うからこそ叱ってくれているんだというフォローを続けました。先生はうちの子に合わせていろいろ配慮をしてくださったんだけど、ここから先はだめなんだよ、という基準が「世の中では通用しない」というところにあって、それがすごくわかりやすかったですね。本人にもわかりやすかったですし。

じゃあわりとぱっと引いたんですか、納得して。

CDのときはすごかったです。すごい反省して。

あ～そうなんですか。

反省能力という財産

反省はすごくするんですよ。忘れっぽいというか、立ち直るのも早いんですけど。
反省して、気に入っていたゲームだったんだけど自分で捨ててしまって。こんなことをする自分がいやだとか言って。

またやること極端ですね（笑）。ニキさんもよく腹を切っておわびしなければとか言うけど。

三週間くらいしたらあれ捨てなきゃよかったとか言って。

わはははっは。

よく考えたら家でやればいいだけですもんね。

そう。捨てなくてよかったとか。

極端に振れるんですね。

そう。だから怖いことも多いと思うんですよ、本人。世の中に対して。

そうですね。

怖いな～って思いながら生きているのかな、と思いますけど

反省のときの落ち込みがだんだん少なくなるといいですね。大人になるまでに。

そうですね。

さらっと流せて教訓にできるようになると。すごくラクになるでしょうね。

本当です。

難しいと思いますけどね。ニキさんももう大人だけど、「腹を切ってお詫びしなければ」になることあるし。

講演会のとき、ニキさんは触覚過敏なので握手をお断りしているんですね。けれども握手してほしい当事者の方とかがいて、私のほうからお断りすると、その当事者の方が「ああ、どうしようニキさんを困らせてしまった！」となってしまい、ニキさんはニキさんで「私が握手できないから悲しませてしまった！」となって、二人でさめざめとするんですよね。

わかりますわかります（笑）。

こういう姿を見るから、支援者の人は叱っちゃいけないとか思うんだろうなあ、と。

そうかもしれませんね。消化できたらニコニコ戻るってわかっていればねえ。

そう、これを乗り越えていけばいいだけの話、この世の終わりじゃないよ、腹切るほどのことじゃないよって辛抱強く言ってあげればいいだけの話だと思うんですけど。

そうなんですよ。なんかバカにしているんじゃないけど、見くびっているというか。

藤家さんなんかは言いますね。自閉症の人に努力をさせてはいけないなんていうのを聞くと、バカにされている、と思うみたいですよね。

そうですよね。すごくそう思ったの。精神科医のところ行ってもそう思ったし、以前入っていた親の会のリーダー的な人たちに対しても、できないと思ってるのかなあと。たしかにめげてましたけど、でも本当に人間としてダメになっちゃうと思われているのかな、と。

何を考えているかよくわからないんですよね。

でも稀に自殺する人とか、病院から出られなくなっちゃう人とかもいるでしょ。

それをゼロにしたいんでしょうね。多くの実は強い子、努力できる子を「見くびる」というかたちで巻き込んではいるけど。

見くびっていると思いますね。そして見くびられると気持ちが折れちゃって頑張る気がなくなったり、頑張る道が見えないでしょ？　だって見せてもらってないんだから。ぱあっと開けていく展開を見たことがないと、いたずらに時間が経っちゃったりしますよね。

優の行った中学ではもういつも目標があり、いつも子どもたちに期待をかけている雰囲気がありました。中学のエピソードですけど、公立だけどすごいと思うのは、朝マラソンとかをやってくれたんですね。雨が降ったら体育館で、とにかく中止はないんです。雪が降ってても人一人通れる幅があればやるんです。子どもが言っています。ぜったいあるんだと。三年間かけて、例外がないということが子どもにわかっているんです。毎日毎日走り続けることで力をつけ、地区のマラソン大会では上位を独占するんです。そういう時に得られる達成感こそ、本当の自信につながるのだと思います。

また、一度優が一年生のときにまだ衝動性があって友だちを蹴ってしまったことがありました。このとき、すごい勢いで怒られたんですね。そんな叱り方をすると、クレームをつける親御さんもいます。だからそんな叱り方をしてくれる先生あまりいませんよね。だけど子どもにもわかる強い叱り方をしてくださってありがたいと思いました。「それは絶対いけないことなんだ」というのを、声のボリュームから何からで示してくださったんですね。中学時代は、ダメはダメ、特別はなし、というのをしっかり教えていただいたと思います。

小学校のときとちょっと違ったわけですね。小学校のときは人を好きになって、世の中を恨まなくなって、そして中学では「ダメはダメ」っていうのを習ったわけですね。順番として正しかったんでしょうね。

そうですね。いい順番でした。

本物のセルフエスティームを育てる

そういう意味でのセルフエスティームは大事ですよね。

診断を受けたあとの療育の世界のセルフエスティーム一点張りにはほんのちょっと違和感感じましたけど。

なんだったんでしょうねあの季節は。セルフエスティームって何、っていつも思っていて、ほめれば伸びるってもんじゃなさそうだし。

ねえ。どうでもいいことでほめられてもうれしくもないって。バカにされている気がするって。うちの子もうんと小さいときからそんなことほめられてもうれしくないって言ってました。

そうでしょ。自分で乗り越えるほうがセルフエスティーム高くなりますよね。十点の子が一〇〇点取れなくても三十点取るだけで立派なのでそこでほめることの大事さはわかります。でもそのうち世の中がもっと広く見られるようになってせめて六十点取りたいという気持ちになったらその気持ちは大事にしてあげたいです。

そうなんですよ。

本にも書いたけど、私も「ほめるのが大事」っていうの真に受けてニキさんとか最初ほめまくったんですよね。でも全然うれしそうじゃないし。

言ってるこっちもなんかね～。対等な関係なのにね。

わははははは。

子どもに道徳を教えるには、大人に「社会人」の自覚が必要

でも優くんの場合には順番がよかったし、本気で向き合ってくれる大人がいましたね。子どもに道徳を教えるには、大人が道徳を持っていなければいけないですね。

本当にそうです。社会の中の自分という感覚がないと。社会が悪い先生が悪いと思いこんで、社会や先生を責めてばかりいて、残念な結果になっている例はよく見かけます。まあうちの子も積極奇異だったので、目だって大変だったんですけど。

でも使いようですよね、積極奇異の特性。

そうです。

それだけ「人が好き」っていうことですよね。つきあっていてやっかいな部分だけど、でも活かせる。

もっとおとなしめの方だと、何事も起きずに大学まで行ってしまうこともあると思います。どこを鍵にしてかかわるかは大事だと思います。

未来へ

では最後に、これからの課題っていうのを聞かせていただけますか？

これまでは認知上の矯正をはかり、誤学習をほどきながら、お勉強も進めてきて、目標どおり普通高校に合格したんですよね。

はい。やっと勉強することに取り組めるようになったのでまずはお勉強をする。それと人間関係や社会をなるべく正しく理解する。でも頑張って頑張って頑張っても苦しいみたいなところに進まなくてもいい。高校時代くらいは青春を謳歌してもいい。だけど大学に行きたいのなら行ってほしい。仕事は、なんていうんだろう、「役に立っている感」を感じながら仕事できるような道があるといいなあと思っています。何しろ人が好きですから。

それではこれからお勉強とか仕事への意識を育てていくのが課題ですね。青春を謳歌しながら。

そうですね。青春を謳歌しながら。そして適性を見つけていく。本を読むのも好きだし、趣味の分野でレポートを作ったりするのも好きだし。それがどのように将来の仕事に結びつくのか見極めながら。

本を読むのが好きっていうのは財産になりますね。何か壁に当たったとき、そこから学ぶものは多いから。ニキさんなんかでもそうですよ。実人間を見て学びにくい面を、すごく本から学んでいます。

優くんご自身は、自分がたどってきた成長の道っていうのはわかっているんですか？

一番大変だったとき、三年生までのことは最近時々振り返っています。自分のコントロールが一個もできなかったとか思うままに過ごしてた半獣人間だったとか。（笑）あだったこうだったと言います。でもね、まだ思い出したくない過去なんです。

なるほど。そうかも、でももうちょっと大人になったらまた違うかも。

そうですね。そういうときが来てほしいな、と思いますね。で、今は失われた小学校時代みたいに思っていて、大人になるまでに挽回したいと思っているようです。どういうのが挽回かを具体的にわかっているかどうかはわかりませんが。

そういう気持ち持っているのはいいですね。大人になってもまだ時間はあるし。

今回高校受験が望みどおりにいったのも、一つクリアかなと思います。

そういう体験が増えていきますね、きっとこれから。

告知で前進

あと中学のときに告知をしたんですね、小学校のときは大変な状態だったし、人を好きになるのに精一杯だったので。高校受験にあたって、勉強を始めたんですけどなかなか入りが悪かったり、写し間違えとかそういうのがいっぱいあったりした中で、タイミングがきたかなという感じがありました。それまでもわかってるかと思ってたけど、障害というよりは精神面の問題があると思っていたようです。で、ＡＤＨＤといわれているよ、アスペルガーというのもあるよ、と話したら、すごくよかったんです。

すとんと入った?

すとんと入りました。あなたの障害は、どこが苦手ってわかって頑張って工夫をしていけば乗り越えていける障害なんだよと話しました。

そういう風に言われると、いいですよね。

そうそう。そうしたら乗り越えていきたいというので、じゃあそれについて話すね、と診断名を続けました。それで自分でどう思う? ときいたらたしかに、と。たしかに衝動的だしコントロールは難しいし、と。

よかったですね。

はい。もっと早くできればとも思いましたが、タイミング的にはよかったと思います。頑張るエンジンがかかっていたときだから、どういう風に頑張ればいいのかのヒントになったと思います。手がかりになったんですね。

そういう風に、立ち直っていくお子さんのお話を聞くとうれしくなります。同じような方、勇気付けられる方も多いと思います。

優ままさんは、冷静にお子さんの状態を分析され、そのときそのときの課題を見つけて、そこから逃げずにクリアされてきた。頭脳プレイの連続に見えますけれど、その裏には子どもの将来をよりよいものにするという愛情がたっぷりですね。

何度伝えても、どう工夫をしても、入らない。子どもがとんでもないことをしでかして怒りをぶつけられ、ひたすら謝る日々。それは本当につらいものでした。私も昔は「なぜ一生懸命やっている私が謝らなければならないの？大変なのをわかってよ」などと思いました。でも、何人かの社会性を持った真剣な大人との出会いがあり、今はそんな風に傷ついて弱気になったり、世間からの攻撃（と誤解して）に反撃するなんて全く意味のないことだと思っています。わかっていない人に理解されない事やそんな人たちの言動で自分が傷つくことなど、子どもの将来を考えたら本当にどうでもいい事です。

ただ毎日の平和を優先に世話をするだけのような子育てをするのではなく、日々小さな成長の芽を見つけて伸ばそうと工夫したり、逸脱の芽を見つけてそれを防ぐ工夫をしたりすることは何倍も難しいです。でも、ただ問題を起こさないためだけに一日中付き添いをしたり、支援者や医者の言いなりになって間違った方向へ進んでしまいそうになった私にとっては、今、それこそが自分の親としての愛情の表し方なのだと強く強く思いいたっているんです。

でもね、それでもうまくいかないんですよね。そして涙も流すんです。それでも、あきらめずに子どものできるスモールステップを見つける。それを真摯に希望をもってやり続けることが障害児を持った親の子育てのもうひとつの形だとも思います。皆と同じ子育てではありませんが、何年も何年もあきらめずに働きかけた先にはわが子なりのまぶしい成長が必ずあります。そしてそれは健常児を育てていても得られないだろう、大きな大きな幸せでもあるんです。私は優と一緒に歩めて、その幸せをかみしめています。

そして優くんも、そういうお母さんの方針をしっかり受け止めて、感謝していますね。今日は本当にいいお話を聞かせていただいて、どうもありがとうございました。優くんが幸せな大人になることを、遠くの応援団の一人として、心から願っています。

2

性の話
被害者にも加害者にも
ならないために。

ああ、優ままさんのお話は面白かった！

「ありのままを大切に」って療育の世界でとても強力に推薦されるけれども、「ルールを守れなくても障害だから仕方ない」という誤解を呼びがちな表現です。そしてその誤解を大事に守って、「世の中に通じない子ども」にしてしまう人は多いんじゃないかな、と思っていました。でも優ままさんのお話を聞いて

「ありのままでいい」と悪いことやっても叱らない

▼

自分（＋保護者・支援者だけ）はこのままでいいと思っている

▼

でも他人は思わない。反撃される

▼

世の中が悪い、と世の中を恨んでいく

という構図に気づいたのが収穫でした。つまり、二次障害の根っこのところに「ありの

まま療育」があるかもしれない、ということです。

でも、それに気づく人もいるし、気づいた時点で修正を図ればいいんですよね。手遅れじゃないかもしれない。考えてみればこれは、成人が二次障害から立ち直っていく過程でもよく見る方針転換です。

違和感を感じながら育つ
▼
自分が実は「障害者」だったことを知る
▼
違和感の元がわかりほっとする
▼
そして最初は世の中に理解を求める
▼
やがて、自分も変わらなければいけないことに気づく

そうすると不思議とかえって理解してくれる人、支援してくれる人も増えて、自分が意外に能力もっていることにも気づけて、生きやすくなっていく

そういう成人当事者、たくさんいらっしゃいます。

▼

さて、「社会《みんな》の中で生きる」ことを目標にお子さんを育てている方へのインタビューの予定は他にも入っていますけれど、その前に、「瀧澤久美子さん」にご登場願うことにしましょう。瀧澤久美子さんは、私が心から尊敬する支援者の一人です。

現在は横浜市の障害のある方たちが、親亡きあとに安心して暮らせるように後見制度の構築に携わっていらっしゃる瀧澤さん。養護学校の教諭としてお勤めのあと、もう何十年も横浜の障害のある方々の地域生活を支えてきたゴッドマザーです。

瀧澤さんのすごいところは、視野が広いこと。たとえば「社会との共存」ということにしても、時々福祉畑には「障害者原理主義」になっちゃう人を見かけるんですが（そういう人が、障害者が罪を犯しても刑の減免を要求したりする）私はそれじゃあ本当の「共存」にはならないと思っています。何十年も福祉の世界のど真ん中にいながら、そういう一般

人の目線も失っていないのが瀧澤さんです。それでいて当事者を思う気持ちは本物。包容力があるのだと思います。ついでにパワーも。パワーがないと、志が中途半端になりますからね。

瀧澤さんは経験の宝庫ですが、この本で語っていただくテーマはあえて絞ります。それは「性」です。性の問題はさすがの私も親御さんたちに直接は聞きにくい問題。けれども、安定した成人生活のためには避けて通れないテーマです。また、レッサーパンダ事件（編注：東京・浅草で養護学校卒業の男性が起こした殺害事件。『自閉症裁判』佐藤幹夫著に詳しい）など、性衝動、異性との距離のとり方の不備から起きてしまう不幸な事件もあります。「障害者と性」というのは、「道徳入門」で必ず触れておきたいテーマです。

さあ、行ってきます。今日は、自転車です。

性の問題について教えてください
安定した成人生活のため、
前向きに取り組まなければいけないこと

ルールを教えることの大切さ

浅見 さて、私は先日から「発達障害の子にやっていいことと悪いことのけじめをしっかり教えている」保護者の方を対象に取材を始めています。まずお会いしたのは積極奇異のお子さんをお持ちの方なんですけど、大変率直に「このままでは犯罪者になってしまうと思った」とおっしゃった方なんですね。地道な努力の結果、お子さんも今は本当にいい状態に向かっているようですが。

それにしても「このままでは犯罪者になってしまう」って、なかなか保護者の立場としては言いにくいというか、ある意味「腹をくくっているなあ」と思って、その方に取材しました。

聞いてみると、支援者の人たちは「ありのまま」とか言って悪いことをしても積極的なかかわりを控えることをよしとしていたし、最初は自分も「それが発達障害の子育てなのか」と受け入れてきたけれど、途中でそのやり方の限界に気づき、方向転換したそうです。

その方は三歳で診断がついて今高校生なので、障害がわかって十二・三年経っていますね。診断がついたころは、ちょうど軽度と呼ばれる発達障害に光が当てられ始めたたころで、「ありのまま」とか「セルフエスティームを上げるためにほめる」とか言われていた時期です。でもそうやって育てられた人たちが残念な結果を出していることもわかってきたんですよね、昨今。

瀧澤さん 障害児を育てるとき、「ありのまま」か「しっかり教えるべきことは教える」かの方針の違いは、以前から大きく二つに分かれていました。でも二十歳まで見てみると、やはり差は大きいですね。ありのままだけでは、ちゃんとしたルールが内面に育っていないんです。

それはそうでしょうね。

でも最近は療育センター等の場所でも「あまり無理をしないように」という方向になっていますね。ちょっと極端にふれています。私は「いやそれはもうちょっとルールを入れていかないと入らないですよ」と話をしていますが。環境設定だけしか入らないとじゅうぶんではないですから。

自閉症の脳の特性に合わせた環境設定は本人が学びやすくするために必要な条件だと思います。でもその先に学びがないといけない、ということに気づく必要があると思います。実際、気づいている方も多いです。「障害が重度であれ軽度であれ教えるべきことは教える」という方針の方も世の中では多いです。ある意味、支援者より保護者のほうがお子さんの未来に対して切実だし。

だからそういう風に、きちんとルールを教えている方たちに取材を続けていこうと思っているんですけれども、お身内には聞きにくい問題があります。それは性の問題です。

なるほど。

それは支援者の方にお話していただきたいと思って、本日のインタビューをお願いしました。

瀧澤さんはかねてより、我々女性にはわかりにくい男性の衝動と適切に向き合っておかないと、色々な問題行動、とくに事件に発展しかねない問題行動につながるのではないかと講演等で示唆されていましたが。

ささいなことが「犯罪扱い」につながる

実際に起訴されているケースなどもあります。こんなささいなことで、と思われるような例で障害のある方が起訴されることもあります。つきまとったとか。触ったとか。

性に絡んだ問題行動は、被害感情が強いと思うんですね。やられたほうにしてみると恐怖でいっぱいで、障害があるかないかとか関係ない。ただただ加害者が憎いと思います。そういうときに障害がある子だからと言い訳することは逆効果になりかねないし、起訴までいってしまうことも理解できないわけではありません。

　性に関してきっちり抑えておくことは、障害者の方が余計なトラブルに巻き込まれないための自衛でもあると思います。ですので、そのあたりをお話しいただければと思います。

「結婚できるんですか」vs「寝た子を起こすな」

そうですね。ただ支援者も、それほど語りたがりません。「寝た子を起こすな」という風潮が強いと思うんですね。私は折に触れ、親御さんの会でこういう話をするようにしていますが。

　まだ幼児を育てている親御さんが集まる会でも、こういう話をします。まだ関係ないと思っているかもしれないけど、いつか思い出してくれればという感じで種まきのようなつもりで話をしておきます。先日もある会で「うちの子たちのような子は結婚できるんでしょうか？」という話が出たので「結婚はできます」と答えました。

そうなんですか？

はい。男女交際はいくらでもあります。養護学校高等部の生徒同士で恋愛してセックスしていることもあります。たとえば今作業所の職員だって、つきあっていて一緒に暮らしているケースはいくらでもあるわけですね。健常の人なら、高校生でも大学生でも交際すれば自然にそういう関係になりますね。障害のある人だって性衝動があると考えるのが自然です。

そうやって男女交際が始まるのだけれども、その男女がつきあうことを双方の親が承認するというケースが少ないんです。地域支援の仕事をしている私としては、認めていきたい気持ちがあるんですけれども。実際にカップル支援も始まっていますし、二組ほど結婚した例もあるんですけど、多くの場合は親御さんがうんと言わないんです。

障害者の性には、意外にみんな関心がないんですね。というより、寝た子を起こしてほしくないという気持ちが強いのかもしれません。でもそれは、無理な話です。

私が性の問題に気づいたのは、北欧の事情を学んだからなんです。障害者の性に関して、二十年くらい前にすでに取り組んでいました。

性は恥ずかしいことではない

親御さんたちの中にも、「性」というと漠然と怖いとかいやだな、避けて通りたいな、というイメージがあります。でも子どもを産んでいるんだから、みんなセックスしたことがあるはず。それでも、「セックス」という言葉には抵抗感を持っているかもしれません。

障害がある子の場合、性についての表現や問題点がストレートに出てきてしまうことがあって、それが親の中に拒否感を育ててしまうことがあります。男の子の場合は、母親がわかりにくいところもあって、不安が強くなってしまいます。

私は性について勉強したときに、泌尿器科ドクターの岩室紳也先生にお話を伺って、性の講演会を開いたこともあります。岩室先生は、僕はおちんちんの皮何千本もむいてきたよ、とさらりとおっしゃる。『LOVE・ラブ・えっち』というご著書もありますが、性は前向きに考えるべきことであり、決して恥ずかしいことではないとおっしゃる。おちんちんの皮をむくことも重要で、むけていないと衛生的でないし、かゆくて触ってしまう原因にもなります。

ああ、なるほど。子どもが人前でも下着に手を入れて困る、という声もときどき聞きますが、行動分析対応だけじゃなくて、それこそ局所的かつ物理的な問題を抱えていないかどうかの分析も必要なわけですね。もしかすると、そっちの方が早道かもしれませんね。

そうなんです。でもそういう問題をあからさまに採り上げることはタブーとされていますね。昔は養護学校の先生が性教育をしたり、援助者が承認されていた風俗に連れて行ったり、性に対してオープンな時代もありましたが、今はむしろ静かになってしまいました。

養護学校で行われる性教育が過激だと判断されたことなどもありましたが。

都内の養護学校ですね。ずいぶんはっきりと教えていたようですが、お人形を使ってセックスのやり方なども教えていたようですね。それが、どこまで生徒さんたちの発達段階にフィットしていたのかはわかりません。

個体差もありますしね。

夢精・生理は前もって教える

そうですね。歌を歌ったりもしていましたし、実態はよくわかりません。でもセックスまでいかなくても、教えておくべきことはあるでしょう。たとえば夢精や生理。

なるほど。

多くのお子さんは、トイレを失敗して叱られた記憶などを持っています。なのに自分の意思とは裏腹に下着を汚してしまうことが突然起こると、混乱して、パニックにつながることなどがあります。だから障害のあるお子さんには、むしろ前もって知識を与えておいたほうがいいことがあります。

どうやって？

たとえば男の子にはチューブに入った糊などをパンツに、女の子にはケチャップをパンツにつけて見せて、「こんな風に汚れてしまったらすぐに教えてね」と予め伝えておく方法などがあります。

そして女の子の場合、生理が始まったら、記録をつける習慣を必ずつけたほうがいいですね。性犯罪の被害を避けるためにも有効です。

今はデジタルで管理できたり、記録をとるのが便利になっていますし、ぜひ活用するといいですね。

正しい自慰を教える

そして男の子の場合には、父親がマスターベーションの仕方を教えるのがいいですね。育成会から『性、say、生』という本も出ていますが、こういうのも参考になると思います。父親が難しい場合には、母親が本を使って教えてもよいですが、その場合にはマスターベーションのページだけを見せるほうがいいでしょう。
　マスターベーションを教える際に一番大事なことは、する場所を決めることです。

そうでしょうね。公共の場でやったらおまわりさんにつかまります。

そう。プライベートとパブリックの違いをしっかり教えておかなければいけません。一番いいのはトイレか自分の部屋の布団がいいですね。外国の場合などはバスルームであるものと教えるのですが、日本の場合には旅行先で大風呂などに入る場合も多く、そこで問題が起きたケースもあるので、理解度によってはお風呂は避けたほうがよさそうです。
　自慰をすることは大事です。成人生活を安定させるために必要なことです。ただ、障害特性によってはどこでやってよくて、どこではいけないか、場面場面で教えなければ難しいことがあります。ただそれが難しいことだから「難しいわね」で終わってしまう人も多いんです。あるいは「障害があるから人前でやっても仕方ない。周囲がわかってほしい」とか。それは無理。

無理ですね。ある程度は周囲も理解するでしょう。けれども人前での自慰は限度を越えていますね。

かといって、自慰自体を禁じるのはよくありません。

人権侵害でしょう。

はい。あと、健常児のように友だちから入ってくる情報が多くないので、正しく到達点までできているとも限りません。そして男の子、男性の場合、正しいマスターベーションができていないと、普段の生活でも不安定になることがあります。

これに気づいたのは二十年以上前にある北欧のビデオを見たときです。思春期の不安定さの原因に、この問題があるのではないかと考えるようになりました。この時期の男の子の成長に、強い拒絶感やショックを受ける母親は少なくないと思いますけれども、男の子としては正常な成長なので、受け入れてほしいと思っています。

それはどのようなビデオだったのですか？

北欧は、障害者の性についての意識も進んでいたのですね。もう二十年以上前のデンマークの作品ですが、障害のある男性と女性が交際をしていたんですね。周囲の支援者たちは、その先の性行為も含めて応援しようとしていましたけど、交際が終わってしまうんです。男性がふられてしまうんですね。

あら。

男性は失恋のショックで不安定になって、公園で自慰行為をしてしまうんです。これが問題行動と見なされ、合宿が行われます。そこで支援者たちは、男性が正しくマスターベーションできていないことを知ります。つまり、完全に最後まで行われていなかったんですね。

不完全燃焼だったんですね。

はい。そこで支援者が正しいやり方を教えたら、その男性は精神的に落ち着いたそうです。教えてもらわないとできないことだったんですね。そして不完全なままだと、精神的に不安定になるということを私たちはよく理解しなくてはなりません。性は生きる希望、生きる力ですからね。

していい場所といけない場所を教える

今の日本の支援体制を見ていると、公園でしてしまっても「障害があるから大目に見てくれよ」という雰囲気がないわけでもありません。けれども日本より福祉が進んでいると言われる国では、そういう行為をしないということをきっちりと教わることも人権として確保されているんだなあと今のお話を聞いていて思いました。問題行動とみなし、合宿まで組むのですから手厚いです。

それでも、プライベートとパブリックの違いは、いつごろから教えたらいいんでしょう。これももちろん、個別的な発達段階を見極めなければいけないとは思うのですが、身体だけ成長すると世間の見る目も厳しくなるし、

地元では性についての研修会・勉強会もしますが、大きなテーマの一つがプライベートとパブリックの違いを教える時期はいつがいいだろう、ということです。男の子も女の

子も、いつまで母親とお風呂に入っていいか、とか。私は目安として、男の子は陰毛が生えて夢精が始まるころ、女の子は生理が始まるころ、とお話していますけれど。

外国と違って、外で抱き合うことなども日本の文化ではまだまだ受け入れられにくいでしょう。だからこの時期に親と子の距離感を家の中と外ではっきりと区別したほうがいいですね。

ただここで問題になってくるのは、発達障害の子どもの育ちの遅れです。小さいころはスキンシップが苦手だったのに、成長してからスキンシップを求める子どもがいます。そういう子に、「お帰りのハグ」「おやすみのハグ」をするのはとてもよいことです。そして子どもが強い不安を感じているときには、身体をマッサージしたり、背中をさすったり、手を握ったりするスキンシップはとても大事です。ただそれが身体の大きさと合っていないことがあるので、時と場所を考えないといけません。

過敏性などの問題があって、洋服を着続けるのが難しい子どももいます。そのときには家の中でもパンツ一丁でいてもいいところ、だめなところをはっきりと区別しましょう。そして「ここはだめ、ここはＯＫ」と簡潔に伝えるといいですね。「恥ずかしい」ということを理解するのが難しい段階でも、場面を決めてはっきりと伝えましょう。男女のきょうだいを一緒にお風呂に入れると一線を越えたスキンシップが生じることもあるようですが、それも一緒に入らせないというしっかりとした対応が必要です。

障害者同士のセックス

社会の中で、障害のある人がセックスをするのは珍しいことではないんですね。作業所の利用者同士が交際をして、カップルになって、さあセックスについてどうしよう、という相談も地域では受けます。両方とも親がいなくて、グループホームで暮らしているカップルを、セックスを含めてみんなで援助した例が一例あります。女性の方が知らない男性について行ってしまう傾向があったんですけど、好きな人ができてつきあいはじめて、愛し合っているのなら二人がセックスするのも支援しようということでカンファレンスを開きました。作業所でしてしまうのはいけないと教えて、ならば二人の御用達の場所がなければいけないだろうと私が提案しました。

そこで作業所の職員さんが二人で行けるラブホテルを探してきて、一緒に行って利用の仕方を教えました。部屋の選び方、お風呂の使い方などです。あまり高い部屋は入ってはだめ、とか。あと意外にわかっていなかったのが、お風呂のシャンプーや石鹸を使っていいかどうかとか、お弁当を持って行っていいかとかだったので、そういうのも写真を撮ってきて視覚支援しました。

セックスの手順は『性、say、生』を参考に視覚支援しました。コンドームの使い方に関しては、量販店で大人のおもちゃを買って来て教えました。細かい手順まで絵カードにしましたよ。これは本当に稀なケースで、セックスをするところまで支援できるカップルは多くありません。たいていは、双方の親の了解を得るのが難しいんですね。

障害のある自分の子どもが、他人とセックスすることを抵抗なく受け入れられる親は本当に少ないと思うんですけれども、そこまで行く前に、マスターベーションすることとか人を愛することは大事なことであるのだと了解してほしいし、ご本人が混乱しないよう、そして社会的な問題につながらないよう、教えてあげてほしいです。

障害者同士の結婚

そして結婚する方もいらっしゃるんですね？

交際したら次に結婚、という問題も出てくるんですね。知的障害のある人は結婚できても子どもを育てることは難しいことが多いんですね。子どもをかわいがることはできるんですけど、しつけることが難しいので。

けれども一方で、高校時代からつきあっていて、親が家にいない間にセックスをして妊娠するケースもあります。そういう場合には生まれた子どもも含めて支援していくことになります。

昔、ある青年が結婚をしたいと望んだことがありました。貯金したら結婚できるよ、と空約束されたんですけれども、お金が貯まっても先延ばしされてしまう。その結果、自殺してしまったんです。中途半端な約束は、決してしてはいけないと思います。

本当ですね。

不必要な接触には「ノー」を教える。

一方で、障害のある方は性犯罪の被害にあうこともあります。加害者も被害者も障害者だった場合、とくに少年だった場合、加害者保護が優先され、被害者がないがしろにされることもあります。皆さんもご自分の子どもには「イヤ」と言えることを教えておいてほしいです。他人に不用意に身体を触られたときに「イヤ」と言える力をつけてほしいのです。

実は性被害は身近な人から受けることも多く、学校の先生からも不必要な接触をされることがあります。養護学校の先生も必要以上に接触することがありますので気をつけてもらいたいですね。たとえ親しい間柄でも、家の中ではよいが外はダメ、と場所を決めること、スキンシップをとってもよい人を限定することなど、子どもにわかりやすく線引きして教えていってほしいです。

性というのは難しい問題をはらんでいますが、生きていく力です。お子さんによって、性に対する興味の出方は様々ですけれど、戸惑うことなく前向きに考えていってほしいし、そういう親を支える支援の仕組みも作っていきたいですね。

生命力があるから性があるのだし、その生命力はよく生かすこともできるものですものね。

加害者にしない教育

それにしても、加害側に回らせないという意識がどこまで共有されているのか私には不思議です。将来まで見据えて、意識を持って接している方もいます。ある重度の方のお母様なのですが、ご自分のお子さんにきちんとけじめを教えるだけではなく、たとえばお子さんの同級生で過度と思われるスキンシップを求めてくる人に、ハイタッチで挨拶をすることを教えたと言っていました。ちゃんと覚えるそうです。

こんなことで起訴されるのかな? というような事件で簡単に起訴されている現実があります。ちょっと好みの女性についていったとか。相手が怖がり、職務質問をされてそこで逃げたりしたら、警察は厳しくなるようですね。

性犯罪は、加害者の動機がささいでも、被害者感情が重いという事実があります。

障害の人が被害者だと調書を取りにくかったりするんですが。時系列で言えなかったり。

いざ加害者の容疑をかけられた場面での取調べへの配慮、取調べの可視化へのはたらきかけは絶対に必要ですが、逆にあまり人通りの少ない道を歩かないとか、そういう自衛手段も普段から教えておかないと、ほんのちょっとのことで加害者扱いになってしまうこともあります。そのあたりは、支援者が対応を学んでいかなくてはいけません。

予防ですよね。悪気がなくても、相手を怖がらせたら法に問われる。その事実をもう少し重く考えたほうがいいんじゃないかと思います。

福祉の関係者は社会全体の平均より障害者の立場に立ちやすいので、「障害があるからしょうがない」という意識が強いですけれども、社会は防衛的になる有機体ですし、加害行為を予防するほうが結局本人を守ることにつながります。健常者にも人権がありますからね。

障害があろうとなかろうと、誰かが何か迷惑行為をしているときには、傷ついている相手がいます。恐怖を伴うような被害を受けたときには被害者感情が強いのも理解できますし、その人たちが「一人で歩かせないでください」と言いたくなる気持ちもわかる。だから本当に共生社会を望むのなら、予防も考えてほしいんです。

「共生社会」実現のために必要なこと

「一人で歩かせないでください」と被害者に言われて、実際に一人で歩かせないようにした支援が入ることもあります。

事後にそこまでやるのなら、予防を考えてほしいです。障害者と事件を扱った本を読んでも、あたかも被害者がいないかのように、被害者を思いやるのが福祉と相容れないことのように書いてある本が多くて戸惑います。障害者が事件を起こしたとき、被害者を思いやることが村八分みたいに。福祉の世界ってそれほど村社会なんですか？　だとしたら、真の意味で共生を目指しているとは思えないんですけど。被害者を思いやることが村八分なんですか？

そういう事件が起きたり、報道されたりしたとき、親御さんたちがまず考えるのは「うちの子がやるんじゃないか？」なんですね。

でもやる子には背景がある。やらないように支える仕組みが大事なんです。

それでも、支援の世界全体で加害者にならないような予防策に取り組んでいるわけではないと気づいている保護者も多いですよ。たとえば教室での異性に対する過度な接触とかを見逃している。大目に見ているんです。教室の外でやったら事件になるようなことでも。

大事件になった記録とかを読んでいても、ちょっとした放浪癖とか、そういう小さい問題行動を一つ一つ見逃していることが伏線になっています。『自閉症裁判』という本を読むと、放浪や刃物の持ち歩きなど小さい問題行動が、微罪の積み重ねから実刑につながり、社会とのつながりがますます途切れ、ホームレスになり、やがて他人の命を奪うところまで発展してしまった経緯がわかります。

 あの受刑囚の場合もそうですけれども、家庭環境が弱い場合は大変ですね。結局誰も本気で向き合っていないんです。そうやって実刑になることもあります。出てきたときの支援も弱いです。

 先日取材させていただいたお母さんのお子さんは、自分の問題に本気で取り組んでくれる先生に出会えたとき、「初めてあきらめられなかった」と言ったそうです。重い言葉です。福祉の人は優しい人が多いから、嫌われたくない気持ちが先に立つのかもしれません。でも本気でダメなことはダメとわかりやすく伝えてくれる人が必要なのではないでしょうか。

 横浜にも触法少年の更生に取り組んでいる施設はありますが、向き合って取り組むと、びっくりするほど安定することは確かなんですよ。

そして普段から親御さんにも「ここは譲らない」というルールが必要だということは話

します。でもそれをどこにしていいのかわからないという人が多いんです。

「おまわりさんにつかまりますよ」ではよくないんでしょうか？　刑務所に障害者がいっぱい、などと報道されているわりには、伝わっていない気がするんですけれども。

もちろん司法の場で特性に合った処遇をされるのは絶対に必要なことですし、それを確保するためには取調べの可視化も必要でしょう。でも誤解してはいけないのは、あれはつかまったあとに障害特性に応じた取調べなりなんなりをしてくれという意味であって、罪自体が許されるわけではない。わいせつ目的だろうと、感覚過敏が原因だろうと、人前で裸になったらつかまります。

加害者にも被害者にも障害があることもある

そこはすごくあります。脅すわけじゃないけど、お勉強会などでも言うようにしています。先ほども言いましたが、障害者が被害者であることもあります。加害者が少年の場合、加害者ばかりがかばわれて、障害のあるお子さんを丹念に大事に育ててきたご両親のことを思うと胸が痛くなります。

なのに障害児同士の殴り合いさえ放っておくっていう現状がしばしばあるのはなぜなのかわかりません。障害のある子が他害することがあるという事実、触法事件を起こした人に診断があったという事実を言うことすら差別ととらえる人たちもいます。
健常児の親だって「頭がよくなくてもいい、お金持ちにならなくてもいい。ひとさまに迷惑さえかけなければ」と育てるじゃないですか。どうして障害児の親だけ、そういうことを言ってはいけないんだろう。そっちのほうが差別に思えますが。

なんとかしたいと思っている人もたくさんいらっしゃいます。でもまだそれを支援する仕組みが弱いですね。

せめて今日お聞きした性の話とかくらいは皆さんに知っていただきたいです。きちんと教えることによって、成人生活が安定するのですから。

学校の中での加害被害予防

予防をするならまずは、学校の中からですね。学校の中でも強制わいせつ事件は起きますからね。そこできちんと対応しなければなりません。もちろん家族の育てなおし、家族支援も含めてね。

そこで必要とされる家族支援とはどのようなものですか？

被害者加害者、両方にきちんと対応することですね。

ありがちな悪い対応ってどういうものですか？

被害者には学校が説明するけれども、加害者にはオブラートにくるんではっきり何が起きたか言わない、ということが結構あります。そうすると加害者側の保護者は、説明も受けていないので謝りようがないんですね。

どうしてちゃんと説明しないのでしょうか？

そこがよくわからないところなんですけど、学校の中で起こったことだから、とか。

学校の中で起きたから、親のせいじゃなくて学校の責任でなんとかする、という考え方なんでしょうか。

でも責任云々を言ってるときじゃなくて、それを社会の中でやったら犯罪ですよね。

そうです。でも、今後同じことが起きないように家族に伝える、というところが抜けることがあるんですね。起こった事件の対処の方法だけで終わってしまうんです。

要するに将来の犯罪の芽みたいな感じでは考えてはいないんですね。

考えてはいないですね。

考えちゃいけないのかな。

考えちゃいけないし。その事件を終わらすことを考えている。相手にどう説明するかとか。そこで障害が理由に使われることもあるでしょうね。それはおかしいだろうと思うんだけれども。

そんなところで障害を理由に使ったら、障害への偏見がよけい募ってしまいますよね。

学校の中で起こったことですから、という対応は多いですね。問題を隠します。なかったことにする。でも、きちんと実態を明らかにして今後にどうつなげるか考えないといけませんね。

性の問題から逃げないで、次の学びにつなげよう

そして、実際にきちんと対応してくれることもあります。性的な問題があったときに、相手との許される接触の仕方を支援級で教えてくれた学校もありますね。

性の問題は、保護者にも戸惑いがあります。とくにお母さん達が男の子の性を受け止めるのは難しいです。

誰に聞いていいかわからない。だからそういうことを話せる場があるといいと思って、私自身の地域支援の中では実践しています。

私も支援の中で、性の問題、事件の問題は多くかかわってきました。おせっかいみたいに自分から入っていったこともあります。

実際に進行中の事件もあるし、プライバシーの問題もあるので、具体的にはお話できないこともあります。けれども、今日は自分の経験を踏まえたお話をしました。

私も色々なケースに立ち合い、心が痛むこともありますが、これを次の学びにつなげていかなければなりません。

保護者や教育現場の皆さんの中にも、こういう本を通じて、障害者の性の問題から逃げずに、前向きにとらえてくださる方が増えてくるといいと思います。

本日は貴重なお話を聞かせていただきありがとうございました。

3

「他人に迷惑をかけない子」に育てる

性の話は重いですね。でも重いからといって逃げてはいられないですね。ご本人のためにも、家族のためにも、社会のためにも。

ところで性の話などの後だから特にそう思うのかもしれませんが、家族ってすでに社会ですね。たとえ親しい間柄でも許されないマナーがあったりしますし。

家族だから許される、を繰り返していると、社会の中に出たときに困るかもしれません。それに気づいて早くからまず家族の中でルールを教えているおうちもあります。

次にお話をお聞きする「賢ママさん」のおうちはまさに、そういう感じですね。

賢ママさんの特徴としては、二人の発達障害のあるお子さんのお母様だということ。ご長男が知的障害のない発達障害で、ご次男が知的障害を伴う自閉症です。そしてご自身もアスペルガー障害という診断を受けられています。家族の中にはご高齢の方もいて、賢ママさんは嫁いできてからほぼすべての期間、介護に明け暮れてきました。

と聞くと、「大変そう〜」と思うのではないでしょうか。私もそう思いました、最初は。でも今は、本当に幸せなご家族だと実感することがすごく多いのです。

ご自分も発達障害のあるお母様が発達障害のある子を育てる場合、有利な面と不利な面があります。実行機能の問題などがあると、定型のママパパより発達障害のあるママパパのほうが子育てが大変なことも多い。でも、定型発達者には不可解な言動をお子さんがとったとき、内面がわかるだけに、お子さんの言動を悪くとらずに適切な説明ができたり、という有利なところもあるのですね。賢ママさんはご自分もアスペルガーであることを有利に活かされているお母さんです。

そしてその賢ママさん、子育ての方針ははっきりしています。「他人に迷惑をかけない子に育てる」。

健常児のお子さんを育てるときには、親御さんはそう考えること多いですよね。「立派な人にならなくていい。他人に迷惑さえかけなければ」。別に将来偉人やお金持ちにならなくても、犯罪者にだけはなってほしくない。こういう親としての当たり前の気持ちを、賢ママさんは障害のある二人のお子さんの子育ての基本方針としてきました。今は上のお子さんは立派な勤労学生。お勉強もお仕事も頑張っています。下のお子さんは「一生字が書けないでしょう」と言われたのに、高い倍率の高等養護学校の入学試験に通り、今は働く大人を目指して生き生きと学校に通っていらっしゃいます。

もう一つ賢ママさんの特徴としては、療育機関に通ったことがないのですね。本は大好きでよくお読みになるそうで、もちろん療育や育児の本などもたくさんお読みになってきたようですが、実際にお子さんたちに向き合うときの療育の方法は自分で編み出してきた方です。講演の講師を務めることも時々あり、児童精神科医の佐々木正美先生と一緒の講演会も何度か行っていらっしゃいます。

さて、そういう賢ママさんがどういう風に「他人に迷惑をかけない子」に育てていらっしゃるか、お聞きしてみましょう。今度は新幹線で行きます！

自分にとってはかわいい我が子だからこそ、世の中で嫌われる人になってほしくない

大家族は、すでに社会

浅見 今日はインタビューを受けていただき、ありがとうございます。賢ママさんは、知的障害のない方と知的障害のある方、発達障害のお子さんを二人育ててきていらして、しかもその方針が「他人に迷惑をかけない子に育てる」と一貫されています。そして、それに成功されています。けれどもお会いすると、決してスパルタ式のがみがみタイプのお母様ではなく、ほんわかした雰囲気の方だという印象が強いです。そしてご自分もアスペルガーの診断を受けられています。ご自分にも自閉症があることを、むしろ子育てに上手に活かしていらっしゃる印象があります。

それにしても今回、私は改めて考えたんです。賢ママさんはどうして、最初から「他人に迷惑をかけない子に育てる」という方針を持って、しかもそれがぶれなかったんだろう、と。そしてこれまでに交わしたおしゃべりを思い出しました。そして思いつきました。賢ママさんのおうちには特殊な事情がありますね。ご高齢者がたくさんいらっしゃる中にお子さんが生まれたんですよね。

賢ママさん そうです。

家族が多くて、おじいちゃま、おばあちゃま、小姑さんなどがたくさんいるご家庭だったんですよね。

そうです。

その状況を想像してみると、お子さんが障害特性を発揮すると、さぞ文句言われるだろうな〜と。

文句は言われますね。

そこに「迷惑をかけない子に育てる」という賢ママさんのモチベーションの根っこがあるような気がしたんですね。今は核家族が多いですよね。そして障害のあるお子さんって一人っ子が多い印象があるんですよね。

ありますね。

そうすると家の中では親さえガマンしていればいい、っていうおうちも多いと思うんですけど、賢ママさんのおうちはそうじゃなかっただろうなと思いました。

はい。おじいちゃんの部屋に勝手に入ることとかも、おじいちゃんはとってもいやがります。おばあちゃんのものを触ってもおばあちゃんはいやがるし、とにかく家族に迷惑かけないというところからうちは始まりましたね。うちなら何をしてもいいということではなくて。

そうでしょうね。

家族に迷惑をかけず、おじいちゃん、おばあちゃんルールを尊重するところから始まります。おじいちゃんおばあちゃんとうまくやっていくためにはこの子にものを覚えてもらわなければいけない、というところが出発点です。

なおかつ子どもがあまりいじけないように育てなければいけないし。うまくいかなくて叱られたりとかイヤミ言われたりとかもいっぱいありましたけど。

そうでしょうね。ご高齢の方に「障害特性ですから」と言っても、理解してもらうのは難しそうです。

そもそも障害という言葉にすごくアレルギー反応があったので、障害という言葉は一切使わずに、この子はゆっくりだからとか敏感だからとか、そういう風に説明していました。この子はちょっとこういう風に変わったところがあるから、こういう配慮をしてほしい、とおじいちゃんたちにお願いして、ぶつぶつ言われてもやってもらえたらありがとうございましたとお礼を言いました。でも、子どもがいい状態なら一緒に外出もできるし、一緒におやつ食べたり楽しい時間も持てます。家の中がすでに社会だったんですね。

そうですよね。賢ママさんのおうちに関しては、それが特殊な事情だな、って気がついたんです。だから「人に迷惑をかけない子に育てる」というモチベーションが持ちやすかったんだなあ、と。私、以前お話聞かせていただいたときに印象に残っているんですけど、賢ママさんてご結婚当初から老人介護の連続だったんですよね。

老人介護を乗り切れた理由

そうです。

それがすごいなと思ったのと、「イヤだと思いませんでした？」ってきいたら「嫁いできたら老人が家にいたから、家の備品みたいにメンテナンスに励もうと思っていた」とおっしゃったのを聞いて笑いました。それがアスペルガーの方らしいなあと思って。

そうなんですよ。ここのうちには年寄りが四人いるというのが大前提だったので。主人も、年寄りのことを頼む、と言っていましたし。結婚前からデートするひまもなく、年寄りがいて大変だから免許とってくれ、って言われて、教習所まで送り迎えしてもらうのがデートだったり。

わはははは。

大変に地に足のついた、というか、現実的な始まりでしたね、結婚が。

そうなんです。

ニキさんの有名なエピソードで「友だちは教室の備品だと思っていた」というのがあったので、面白いなあと思って心に残っていたんです。

本当にそういう気持ちだったんですよ。

でも今回のインタビューの前にあのお話思い出して、そういうお年寄りがたくさんいるおうちだと、障害児だからとかそういう言い訳は絶対通用しないだろうなと思って。

しないです。

世の中のルールはこう教えた▼知的障害のない子の場合

上のお子さんは知的障害のない発達障害ということですが、行動面でおじいさんおばあさんを悩ますようなトラブルは多かったんですか？

わりとおとなしかったんでおじいちゃんおばあちゃんを怒らせるようなトラブルは

さほどありませんでしたが、やはり教えていかないとわからないというのはありましたから工夫は必要でしたね。おじいちゃんおばあちゃんは、かわいがって物を真っ先に選ばせてくれたり、自分の分の食べ物を「ほら食べろ」とくれたりします。でもそれが自分のうちでだけ通用することであってよそでは通用しないということがなかなかわからないんですよ。

いつももらえるからどこ行ってももらえる、とか思っていて、もらえないときにはすごくショックなんですね。子ども会に行ったときに、ほしいお菓子があったのに、自分のところにそれが回ってこないときにはすごく泣けてきてしまうんですね。で、泣いているんだけど周囲の人は理由がわからなくて、どうして泣いてるの？とかきくんですけど、私は見ていて、ああお菓子だ～と思って。

そこがわかるんですね、賢ママさんには。

わかります。

なんでわかるんだろう？アスペルガーの方で発達障害のお子さんがいる場合、ご自分がアスペルガーだから子育てが大変な方もいれば、アスペルガーだからうまくいく人もいて、賢ママさんはとてもうまくいっている例だと思うんですけど、気持ちがわかるんですかね？

だって私もそうですから。他のお母さんは皆さん、子どもの様子を見ていらっしゃるわけです。今日は子ども大丈夫かしらとかお歌は何かしらとか○○ちゃん来ているかしら、とか。でも私と子どもはお菓子しか見ていません。

わはっははは。

お菓子が何種類あって、黄色いのが入っていて、あ、あそこにチョコがある。でも、それがすいすい分けられて、あ、うちの子のところにアプリコットがいったけどうちの子あまり好きじゃないな～と思ってたらもうボロボロ泣いているんです。チョコがほしかった～って。

こだわりポイントが似ているのかな？　お子さんと。

似てます。親子でこだわりのタイプが違うと大変だと思います。

発達障害の当事者の方が親になると、実行機能とかそういう面で子育てが大変ってあると思うんですけど、一方でアスペルガーの方だからこそ、特徴を活かして本当に上手にやっていらっしゃるケースもあるんですよね。それがどこで分かれるのか不思議だったんですけど、賢ママさんと上のお子さんの場合にはこだわりポイントが似ていたんですね。お二方とも脳内で、お菓子をサーっと見て種類分けしていたわけですね。

そうです。他のお母さんは今日来ているお友だちとか見ているんでしょうけど、その間、私と子どもはお菓子に注目して、あれ、全部同じお菓子じゃない、どれが来るかわからない。大丈夫かな～と。

そしておうちだったらおじいさんおばあさんが変えてくれるわけですね。

はい、勝手に変えてくれます。食べなければ様子を見て「これがほしいか？ それともこれか？」って言ってくれますけど、それは外では通用しない。

そういう、ウチと外との使い分けはどういう風に教えていったんですか？

上の子は言葉がわかったので、今日はこうだったけどこうなんだよ、と説明したり、次からは何が出てくるか絶対わかんないよ、と教えたり、好きなものが来るか嫌いなものが来るかわからないし、どうしてもイヤだったら残すか、そこにいる六年生かお母さんに、お菓子を変えてくださいって頼んでごらんという対処法を教えました。そして、「僕はそんなこと言いたくない」って言ったら、じゃあ何が来ても我慢しなさい。じゃなきゃ連れて行けないよ、と言いました。

わかりやすいですね。上のお子さんにはわかりやすい説明を心がけたんですか？

そうですね。言葉がわかるから。納得できればガマンできるので。今日お菓子食べなかったと持って帰ってきたらじゃあおやつあげよう、と言えますし。そこで埋め合わせが効くわけですから。

なるほど。

世の中のルールはこう教えた▼知的障害のある子の場合

下のお子さんの場合には、もう少しおうちの中でも大変だったんですか？

そうですね。なんでももらえると思うと、人のお皿にも手をつけてしまいますよね。いつでもくれる、と思ったら、手を出しても大丈夫と学習してしまいますよね。そして、うちも外も関係なしにそういうことをやってしまうのといけないので、おじいちゃんおばあちゃんには、「くれるときには、本人のお皿が空になってから私にください」と頼みました。そうしたら私がこの子にあげます、と。

なんでだ、と不思議がられたんですけど、しつけをしたいから、とそこは私がガンコに押し通しました。いつでももらえるとなったら、悪い癖がついて困るから、と。それは煙たがられても主張しました。だからお皿が空になってから、お母さんにほしいというサインを出して、そしておかわりをもらう、というルールにしました。

それはどうしてそこまでやったのですか？ どうしてそれが必要だということを思いついたのですか？ やはり上のお子さんを見ていたからですか？

上の子を見ててもそうですけど、やっぱり人のお皿に手を出す、っていうのは人としてどうかな？ と。

もちろんそうですよね。

障害があろうがなかろうが、うちの子として、うちのルールは守ってもらわないと、と。一人だけ人のお皿に手を出す人がいたら困りますから。

我が子が嫌われるのは、親として悲しい

そこで普通の定型発達のお母さんだと、区別は後で教えればいい、という発想になると思います。でも認知の特性が強いお子さんだと、それが間に合わなかったりするんですよね。覚え直しが難しいので。そして自他のものの区別がつかなくなってくる。

一方で障害があるお子さんの親御さんの中には、そもそも区別は教えなくていいや、という方向に行くこともある。そういう人ばかりじゃないと思いますが。けれども賢ママさんは自分の愛する子どもだからこそ、他人に嫌われてほしくない、だからきちんとしつける、とおっしゃっていましたね。それも印象に残っています。

そうですね。私にとってはかわいい子だから手づかみしてようが床に寝転がってようがかわいいんですけど、よその人から見れば床に寝転がっている子は邪魔なわけです。おじいちゃんおばあちゃんにとっても。邪魔だとか早く黙らせろと言います。我が子が嫌われてしまうのは親としても悲しいし、家族とか他人に受け入れてもらうためには、受け

入れてもらえる子にしないとだめでしょう。最低限のマナーは覚えてもらわないと。

なるほど。でも、手づかみだろうとなんだろうと、小さいころだったら、身内だったら許すじゃないですか。なんで最初から教えようとしたんでしょうか？

修正が効かない子たちだからこそ

修正が効かないと思ったんですよ。この子は生まれてすぐに私が母乳を飲ませたら、もう母乳しか受け付けなくなりました。病院が布オムツを当ててくれたんですけど、試供品の紙オムツを一杯くれるんですね。で、紙オムツ便利だから夜つけようと思ったら、火がついたように泣くんです。布オムツ当てると泣き止むんです。まだ自閉と言われる前ですけど、これは相当こだわりが強いなと思いました。いったんインプットされちゃったら修正の効かない子だなと思ったんです。

よくそこでわかりましたね。

生後一週間でそこまでわかりました。

すごいなあ。

発達デコボコのある子に、道徳を教えられるか教えられないかのところで、誤学習が得意で再学習が不得意ということを知っているかどうかの違いは大きいと思うんですけど。

そうなんです。誤学習が得意で再学習が不得意なんですよね。

だから先に正しい情報を入れておけば、誰よりも守るじゃないですか。

そうですよね。

そのやり方がさほど行き渡っていなくって、青年期・成人期に残念な結果になっていることもあるようですね。

誤学習してしまったあとに訂正するの、すごく大変ですもの。

母乳とかオムツの段階でそれを察知したのがすごいですね。

これはかなり手ごわいぞ、と思いました。

だからこそ、最初から教える

それに気づいていたから、おうちの中でおじいさんおばあさんだったらお皿のものくれたりするけれど、その意識で社会人になっちゃ困るということを早いうちから考えていたんですか?

そうです。その癖を残しておいたら外でもやるし、色々なところ行ってもやるし、極端な話ファミレスで隣の人のものに手を出す可能性だってあるじゃないですか。

そうですよね。

これはつぶしておかないと、と思ったんですね。最初に手づかみを許しておいて、あとからやめなさい、というよりは、最初から手は使わない、スプーンを使う、人のお皿には手を出さない、空になってから次をもらう、という習慣をつけておいたほうがいいと思ったんですね。

空になってから、っていうのは自分の分は食べてから、ですね。

そうです。じゃないと好物が二つないと気がすまない、とかになってしまいますから。「もらえるときもあるけどもらえないときもある」とわかってもらわないといけないので。そしておかわりは空になってから、ここにあるものをもらえる、という風にわかってもらわないといけないので。

とりあえず自分に与えられたものは食べなきゃいけない、と。

そうです。

偏食との取り組み

なるほど。素晴らしい。

ところで偏食もあったっていうお話でしたよね？

ありました。すごかったですよ。

でも偏食より前にマナーとおっしゃっていましたよね。

偏食していて笑われたり、親がしつけしていないんだね、と言われても別に困りませんけど、人のお皿に手を出したりお皿放り投げたりしたらすごく迷惑かかりますよね。
食べられなくても座っていて待つということができれば人の輪には入れますけど、手づかみはするお皿ぶんなげる食べたもの吐き出すとなるとどこにも行けません。それは阻止しよう、と。だから偏食はどうのこうのとさんざん言われたんですけど、偏食はいつでも治せるし、治らなければ治らないで別に死にはしないから。

でも治っていったんですよね？

治っていきましたよ。

どういう風に？

食べないものに注目してしまう方もいるようですけど、私の場合、食べるものが何かなっていうところに目を向けて、食べるものに変化をつけていきました。
ご飯の硬さを変えてみたりね。うちの子の場合だと、観察していたら、ご飯とかうどんとか食べるんですよ。しらたきも食べるんです。

白いものは食べるのかな？

白いものと長いものは食べるんです。

ふふ。面白いですね。

ということに気がついて、きゅうりを長く切ってみたんです。そうしたら食べるんです。

なるほど。

お豆腐も長く長く切ると食べます。白くて長いので。で、今度はそれを短くするんです。

慣れたら。

はい。それに慣れたら。そうすると毎日同じもの食べていながらバリエーションが増えていくんで、次のステップに行くのがラクになるんです。出汁の味変えてもいいし。

なるほど！　どうして賢ママさんは、そんなに思いつくのが上手なんですか？

自分が苦労したからでしょうね。食べろ食べろって言われて、食べること嫌いになりましたもの。

食べろ食べろと言われたとき、なんで食べられないかを、自分では言えないもどかしさを経験していらしたんでしょうね。

言えないですね、子どものときは。自分では客観的に説明できないです。

たとえばどんなものが食べられなかったんですか？

果物です。果物は皆さん甘いとおっしゃるんですが、私の場合甘みと酸味があると酸味のほうを感じてしまうんですね。だから甘くておいしいよ、と言われて食べるとすっぱい味がするんです。だまされた、という感じで。もうとても食べられません。酢を飲んでる感じで。食べられない、って吐き出してしまうんですけど、こんなおいしいものをなんで食べられないの？と不思議がられるんです。たいていの子どもはフルーツ好きじゃないですか。私には舌に刺すようなエグミを感じるんです。とうてい食べられなかったです。

私は自分の実感として、すっぱいっていう感じ方って男女差があるような気がしてます。酢の物に対する感覚とか、女性の方がスイートスポットが広いような気がするんですね。あと西洋人は甘みに強くて、東洋人は辛味に強いなあとも見ていて思っています。西洋人が食べているお菓子は甘くて食べられないし、タイ料理店とかで西洋人でにぎわっている店はおいしく感じないです。味がマイルドすぎるんですね。

五感の過敏性とか話が出るとき、私はそういうものの延長だと思っているんですね。白人の人たちは日本人よりまぶしがりやでサングラスをかけますが、そういう違いを極端に持っている人が感覚過敏、という風に理解しています。そうすると、別に賢ママさんのように私たちが甘いと感じるものをすっぱいと感じる人がいるのは不思議だとは思いません。ただ共通理解からはずれているから不思議に思う人もいるんでしょうね。

以前佐々木正美先生とバイキングを食べていたとき、フルーツを勧められたんでこのことをお話したらびっくりされていました。ケーキがあったんでこれは食べられる？ときかれたんですが、これは食べられます、すっぱくないから、と言ったら、同じ甘みでも違うんだ、とおっしゃっていました。

はい。私たちはきっともっと味覚を大雑把にとらえているんだと思います。それでも子どものころの賢ママさんは、すっぱいものをすっぱいとは言えなかったわけですね。

みんな食べているから、自分にはすっぱいけれどもこの人たちにとってはすっぱくないとはわかりませんし。

ああそうか。じゃあ自分だけが変なんだと思ってしまうんだ。

おいしいよおいしいよ、と言われてもちっともおいしくないし、すっぱいだけだしエグミはあるし、

賢ママさんの場合の偏食は味覚由来だったけれども、お子さんは視覚的ですよね、偏食の仕方が。それでも共通項に気づいたんですね。

やはり食べたくないものだから食べないんだろうなあと思って。そして好きだから食べるんだろうな、なんで好きなんだろう、と着目して、ああ、白くて長いもん食べるんだこの子は、と思って。

ははは。おもしろい。

それでだんだん偏食なくなってきたんですね。

しいたけ以外は食べます。

しいたけ別に食べなくても死にませんからね。

でも、給食にいっぱい出るんですよ。

ああそうなんですか。

何がなんでもという方針の先生には、「お手やわらかに」とお願いします。何も食べなかった子がここまで食べるようになったんで、と。でも先生は将来困ります、と。

別にしいたけ食べなくても将来困らないと思いますが。

別にねえ。

大人になったら給食出ないしね。

そうなんですよ。

偏食の話もそうだけど、賢ママさんは決していわゆるスパルタ式ではないんですよね。でも教えるべきポイントは絶対はずさない。そのバランスがいいんですよね。

言語体力

賢ママさんは、知的障害のあるお子さんとないお子さんと二人育てていらっしゃいますが、教え方は違いますか？

やはり知的障害がある子のほうには、わかるように教えるとなると、噛み砕く必要はありますよね。言葉が通じないときには身体で教えなくてはいけないし。上の子は言葉が通じて楽な分、逆に向こうからも言葉が返ってくるので、こんなことをいやだ、と言われたら逆にもう打つ手がないわけです。下の子のほうがその点はラクだったかもしれません。上の子はそれはいやだとか言ってくるので、またさらに説得する手間がかかります。

言語体力がいりますね。

いります。言語体力。

自傷を止める

では下のお子さんの手づかみとか偏食とかをなくして、自傷とか他害とかそういうのはどうでしたか?

自傷がありました。

親御さんとしては怖いですよね。

見ていて気持ちのいいものではないし、やめさせなきゃと思ってやめさせました。

小さいころですか? どんな感じだったんですか?

なんでするんだろうな、というところを私はすぐに考えます。そして、あ、これヒマだからしているんだろうな、と思ったんですね。楽しかったらしないだろうな、退屈なんだろうな、と思って。いやなことがあっていやなことを消したくてやっているんだろうな、と。
じゃあこの子の好きなことやらせればいいんだ、と思って、水遊びとか泥こねとかおもちゃとか色々使いました。それでもやめないときには私が大声で歌を歌えばこちらを振り向きますよね。

ああ、そうか。たしかに。岩永先生のお仕事を見ていても、対人コミュニケーションは言葉だけじゃない、身体でのコミュニケーションもある、というのがよくわかりますけれども。歌を歌ったら、振り向きますよね。

振り向きます。そうしたらそのまま歌い続ければいいんです。しばらく気がまぎれます。そして忘れたころにおやつでも出して。

わはは、上手！
お子さんには、どんな自傷があったんですか？

頭ごんごんです。

あれ怖いですよね。

とにかくストレス解消！

でもどうして賢ママさんて、そんなになんでもよくわかるんですか？　どうして、ヒマだからだろうなあ、とかわかっちゃうんだろう？

うーん。私もやっぱりヒマだと何かやりたくなったりしちゃうんですよ。だから共通理解として「ヒマだからするんだろうなあ」と思いつきましたね。楽しいときはしないですよね。本当に必要なことだったら一日中やっているわけで、やる時間とやらない時間があるということは、優先順位が子どもの中であるわけです。

ご飯が出たら自傷行為をしているよりご飯を食べたほうがいいわけです。だから自傷やっているときは、本人として生活レベルがつまんないんだろうなあと思って、じゃあそれを戻すためには何したらいいかな、って言ったら好きなことに決まっていますからね。

「やめなさい！！！！」とか言うよりはずっと効果的ですね。

はい。そういうことは言わないです。

他害はなかったんですか？

なかったです。

それはよかったですね。他害はまた対人トラブルになりますよね。

やはりストレスを解消しよう解消しようという方向に私が動いていたんで。他害に向けるエネルギーはなかったと思います。

ストレス解消って例えばどういう風に？

何してたっけ……？

うふふ。

とにかく不適応行動が出たときには、どこかに誘ったり、気分転換に外に連れ出したり、おもちゃ持たせたり。

そこから気をそむけるようにしたんですね、とにかく。

そうです。やってほしくないことやっているときには、やってほしいことに引っ張っていけばいいなあと思って。

お友だちと一緒に遊べるようになるまで

なるほど。

じゃあ、お友だちとのトラブルとかはなかったんですか?

やはり最初は、普通に一緒には遊べなかったですね。

たとえばうちの子がほしいものを他の子が持っていると取ろうとする。そこをちょっと静止して「△△ちゃん、これそっちにもっていってね」というと、見えなくなるのでパニック起こします。けれどもまあ、泣いているかわめいているだけでとりあえず相手から奪うことはなくなるわけです。そうしたら相手の子に、おばちゃんが見ているからまた遊んでね～と言えばいいし。

何かしそうになったら止める、手を出しそうになったら何か違うもの持たせる、最初はそういう風に私が間に入って入って遊べるようになりました。うちの子にも好みがあって、遊びたい友だちとそうじゃない友だちがいるんで、そうじゃない友だちがきたら「あ、もう帰るわね」と。

賢ママさんにはお子さんの好みの友だちとそうじゃない友だちがわかるんですか？

顔色変わりますからね。

この子のことは好きだな、とかこの子は今ひとつだな、とか。

そうです。

なるほどね。

じゃあトラブルになりそうな原因を取り除いていったわけですね。

そうです。何もわざわざパニック起こさせる必要もないので。

大事なのは「観察」

やっぱり観察なんですね、大事なのは。その成果が出て、お子さんたちはルールを守れる人に育ちつつありますけど、別に厳しくがみがみ言っているわけじゃないですもんね。

はい。

でも甘やかすわけでもなく。

そうなんです。ここは守ってほしいと思うところは絶対守ってもらいます。自他の区別とか、他人に危害を加えないとか、入っちゃいけないところには入らないとか。

要するに、いつでも思い通りにはさせることはないけど、その代わり何か楽しめることを見つけてあげる、と。

そうですそうです。

そんな賢ママさんからよその保護者を見て、どうしてこんなこと放っておくんだろうなんていう思いをしたことはありますか?

ありましたね。うちの子は知的にもそんな高いほうじゃないので、ものを覚えるのもゆっくりだし、弱視だったんで、視覚支援が使えないんですよ。

あああああ、そうですね。

はい。だから身体で覚えさせるんです。腕をつかんで導いたり。

たしかに。でもそれがよかったかも。岩永先生の本（編注：『もっと笑顔が見たいから 発達デコボコな子のための感覚運動アプローチ』）でも、固有受容覚とかを入れると注意が向きやすいって書いてありますし。

「ありのまま」の意味を取り違えてはいけない

弱視でも苦労したたし、身体も小さかったたし、色々ハンディキャップがあったんですよ。喘息もあったし、かといって病院連れていくのも大変だし。言葉でひゅっと入るお子さんってうらやましいなと思っていました。言葉で指示が入れば、もうちょっとラクできるなあと思っていました。

そうしたら、そういう言葉が通じるお子さんが案外放っておかれているんですね、障害を理由に。知的に高かったのに、結局小学校では同じようなことをやっているんですね。で、何年かたつとうちの子のほうが学力でも追い抜いたり。保育園のときには逆だったのになあと思いました。

親御さんは普通学級に戻したいと思っていると言いますが、そのための手立てや努力はしていないことも多くて、でも学校に文句はつけます。もったいないなあと思っていました。

たまたま送迎のとき、授業が終わってなくて、先生が教室入っていいというので入ったら、ちょうどうちの子が先生に一対一で教えてもらっているときで、その子が放ったらかしになっていました。退屈そうだからみていいですかといったら先生がＯＫくださったので、プリントを一緒にやってみたんです。

気が散って手におえなかったんですけど、だったら短期勝負だと思って、ここ見て、ここ見て、と車の数数えてもらって、全部だといくつ？ときいたらイチニと数えて「全部で五」と答えるんです。「当たっているから書いて」と言ったら「5」と書けるんです。

じゃああひるさん探そうと言ってあひるさんを探したら全部見つけられるんです。

うちの子は目が弱いから、一個探すのが大変なんですよ。それでもその子はできるんで、一枚全部解いちゃって一〇〇点だったんです。

へー。

お母さんが算数できないできないって言ってたけど、できないというよりは教えてないだけで、やればできる子だったんですね。もったいないなあと思いました。あと知的には高い自閉症の子が、手づかみでものを食べていました。漢字も読めるし色々なことも知っています。で、こんなに物覚えがいいんだったら手づかみやめればいいのにと思っていました。知的障害のあるうちの子より、教えるのはるかに簡単なのに、と。先生も手づかみで食べることを嘆いていらっしゃったのですがお母さんがなんとも思っていないと打つ手がありません。

働きかけもしてみたんですけど、「そうだねえ」とはおっしゃるけれども、別に教えようとはしないようです。

どうしてなんだろう？

やはりありのままでいいと思っているからじゃないでしょうか。

そうなんですかね。その人たちは療育センターに通って「ありのまま系のお勉強」を一生懸命しているのかな？　ありのままでいいとか言われているのかな？

言われているかもしれませんね。通ってたって言ってましたから。うちも療育センター行こうかなと思ったんですけど、おじいちゃんおばあちゃんに手がかかるので通わなかったんです。でも、ルールを守るという面でなら、療育センターに通っているお子さんよりうちの子のほうができている面があるわけですね。知的な面とかは別として、とりあえず待つとか人のものに手を出さないとか。人を叩かないとか。うちの子のほうができているんです。そうすると療育センターに何年も通う必要はなかったのではないかと思いました。

結局そこで、間違った「ありのまま」を覚えてしまうとね。ありのまま、って皆さんがそれぞれどのように使っていらっしゃるかわかりませんが、まあ誤解して使っている人もいますからね。支援者の場合でも。

「ありのまま」っていうのは、「この子は障害があるからここは今はできないけど親が見ていかないと」というのが「ありのまま」だというのならわかるんですけど。

それから別に普通に「治そう」と思わないとかね。障害をいやなものだと決め付けないとか。

デコボコの凹の部分はなかなか他の人と同じにならないから工夫しようとか、そういうことを受け入れるのはいいと思います。

それならいいんですけど「触っちゃいけない、教えちゃいけない、叱っちゃいけない」になってしまってはいけないと思います。

それじゃあ大人になったとき困りますよね。

だってルールは守らないと。小さいうちは大目に見てくれますけど、大きくなったらそうはいかないでしょう。

それがわかってないかもしれないですね。大目に見てもらえると思っているし、大目に見てもらえないと差別だと感じたり。

とにかく最初から教える

ですよね。うちの子の場合お菓子を買いに行くときも、好きなもの選ばせていたら絶対全部触ってしまうと思ったんですね。小さい子は触ったりしていますけど、大人はやらないですよね。

たしかに。

で、一回触らせたら癖になると思ったんで、お菓子一つ手に取ったらそれを買って帰る習慣にしたんですね。それを放してやっぱりこっち買う、というのは絶対になしで、触ったらそれを買う、という習慣にしたんです。それを教え込んだんです。最初はパニック起こして大変でしたけど。

どういう風にパニック起こしたんですか？

触りたいし、他の子は触っているし、やっぱり子どもにとっては魅力的じゃないですか。でもそこでパニック起こしたら抱えて逃げる、と、それを鉄則にしました。もう五歳六歳になったら抱えられませんからね、小さいうちに教えました。

本当は、そこに連れていかないのが一番ラクなんですよ。親が買って来てあげて与えていれば。でも買うことも教えないと、私がいないとお菓子も買えなくなったら困るでしょ。だからわざと連れて行って、トラブルになることは覚悟して挑戦させてみて、とやっているうちに「触ったものは買う」と覚えたら、用心深くなります。どれにしよう、って考えてから触ります。学習しますからね。

で、それが身についたら今度は私の実家のおばあちゃんにお菓子買いに連れていってもらったんですよ。好きなものなんでも買っていいって言われて一個取ったんですね。そしてそれきりだからおばあちゃんが「もっと買っていいよ」と言ったら「一個だけ」と答えたそうです。

そう覚えておいたほうが無難ですよね。

はい。それから何年もかかって、「おばあちゃんちに行ったときは、何個か買ってもらえる」と学習したんですけど。

後から覚えればいいことですよね。最初に枠を入れて、あとから広げていったんですね。

はい。最初はお菓子は一個、から始めました。

小さいころからしつけた理由

でもずいぶん先を見越して、小さいときからしつけをしていらしたんですね。

私が身体が小さいので、小さいときにしつけしないと手に負えなくなるのが早いと思ったんですよね。だから子どもが小さいうちにというのは意識しました。

身体が小さいことも活かされていますね、賢ママさんは。早いうちから手を打って。感心することばっかりです。

普通に育ててきたつもりなんですけど。

「他人に迷惑をかけない子」の「他人」には母も含まれます！

ご次男が弱視だというのは以前からうかがっていたけれども、今日改めてお話聞いて「ああ、たしかに視覚支援がしにくいなあ」と、療育上大きな問題だということに気づきました。

でもそれで、固有受容覚とか入れたのがよかったのかもしれませんね。岩永先生の本でも、言葉が出ないお子さんの言葉を出してほしいとお母さん達が連れてこられるケースが取り上げられています。岩永先生は、言葉だけがコミュニケーションじゃない、とコミュニケーションというものを広くとらえていらっしゃいます。例えば、ブランコを揺らしてあげる、これもコミュニケーションですよね。そしてただ揺らすだけではなく、揺らしながらちょっとどこか触るとか、それだけでもう目があったりするということが、岩永先生のお仕事を見ているとわかります。それを自然にやっていらっしゃる賢ママさんには感心することばかりです。

全部自己流なんですけど。どこで覚えたのってきかれることもあるんですけどね。

ききたくなる気持ち、わかります。

自分の思うように育てただけです。どこにも通っていないし。

人に嫌われる子になってほしくない、人に迷惑をかける子になってほしくない、という方針をまず立てて。

だって、私に迷惑かけない子になってほしいんで。

そりゃそうですよね。

わはははは。

世界を広げていく（母のためにも）

乗り物に弱いってわかったときも、これは治しておかないと、一生車で送迎できないよと思って。

そうですよね〜。

でもそうなっちゃう可能性があるじゃないですか。だからバスに乗せる練習もしました。

うちの前がバス停で、地元の人しか乗らないんですよ。これは使える、と思って、バスに乗せたら案の定「ぎゃーーーーー」となるんですけど、まわりは顔見知りばかりですから、どこの誰だか知っているわけですよ、私たちのこと。そこで「次降ります、次降ります」と皆さんにアピールして。

みんなじゃあガマンしようかなとなるわけですね。

はい。それでガマンしてもらって次で降りて、そこでジュースの自動販売機でジュースを買って、うちへ帰るんです。そうするとやがてバスとジュースが結びついてくるんですね。バスに乗るとジュースもらえるという感覚になってくるんで、今度はバス停二つに挑戦です。一つ目のバス停で降りるはずが降りないので「ぎゃーーーーー」となったときにまた「次で降ります！」と。

わはははは。

そうするとまたみんなガマンしてくれます。そしてまた降りてアイスクリームとかお菓子とか。そういうものがなければ、ほらあのおうちにわんこがいるとか。

要するにごほうび制。

はい。で、遠くに行けば行くほどごほうびが大きくなるんです。スーパーに行けばお菓子もジュースも選べるでしょ。で、バスの終点まで行くと電車が走っていて、名古屋でも行けます。

すごい！

電車はもっと大変です。知らない人がいっぱい乗ってくるし。距離は長いし。また出口の側に陣取って「次降ります」とアピール。それで一生懸命なだめて。次降りるのなら仕方ないなあうるさいなあ、という視線を感じながら、それを二駅や三駅に伸ばしていって。

それはいずれ送迎できなくなる日を見越していたわけですね。

それと、名古屋まで行って私がバーゲンを見たかった。

わはははは。

はい。バーゲンに行きたいのにこの子いたら行けないじゃんと思って。

たしかに。

でももうちょっと皆さん、「私に迷惑かける子になってほしくない」って正直に考えてもいいですかもですね、お母様方。

そうなんです。ようやく名古屋まで乗れるようになったときに上の子を付き添いに連れて行って、「お母さん三十分だけバーゲンが見たいの」て言って。「そのかわり終わったらアイスクリームでもスパゲティでもなんでも食べさせてあげるからとにかくデパートに行きたい」って言って二人を連れて行ったんですね。途中も、調子悪いときはそこで降りて、また乗ってって繰り返してなんとかたどりついて、「ここで待っててね」って上の子に託して。「なんかあったら呼びに来て」といってバーゲンの会場でわーっと買い物して、帰ってくると「もう泣いているよ～」と。「ごめんごめん、じゃあアイスクリーム」と。

うふふ。でも本当に、お母さんの自由度広げないとね。

はい。もちろん子どもの将来も見越していますけど、やっぱり今年はバーゲンガマンしたから来年は行きたいという目標を持つのは大きい。

わはははは。

おかしい。おかしいけどでも、お母さんたちそのへんもっと正直になったほうがいいですね。

制度や施設も大事だけれど

今は人口密集地なんかだと、毎日どこかに預けることもできたりするみたいです。だけど、賢ママさんのおうちはそういう便利なサービスがたくさんある都会ではなくて、だから別に預けるところとかもなかった。療育センターも通わなかったし。でも、地域の人たちに「うるさいな」という顔をされながらも「次降ります！」とアピールしたりして、田舎ならではのやり方でうまいこと育てられましたね。

はい。これは使えると思いました。バスの始発で顔見知りしか乗ってこないので。

始発って、それだけ田舎って言うことですよね。

そうです。

そういう育て方もあるんですね。もちろん、制度や施設も大事だけど。

だから診断受ける前にあらかた済ましてしまったんですよね、やることは。

診断受けるときに困ったことは、病院に行くことを、どうやって動機付けようということです。いきなり病院に行ったらパニック起こすのわかってたんで、下見に連れていったんですね。そして地下鉄降りたらジュース飲ませて、駅の名前とかを教えて、診察の紙を見せて、何月何日来ようね、と約束したんです。そして当日無事にたどりついて、診察室に入ると、先生には自閉症だってひと目でわかるし、こだわりが強いこともわかる。で、しょっぱなに何言われたかっていったら「この子どうやってここに連れてきたの？」って

あはは。先生がびっくりなさったんですね。

で、下見して動機付けして連れてきました、って言ったら「はあ、よく連れてきたねえ」って。

それいくつのときですか？

五歳です。

じゃあ診断は五歳ですね。その前からお母さんが見抜いて自閉っ子としての支援をしていらっしゃいましたが。

それで小学校は支援級に行ったんですね。

はい。

字は一生書けないと言われたけれど

中学校も支援級に行って、今度高等養護に入られたんですね。お勉強もできるようになったり、すごいですよね。

その主治医には色々診てもらったんですけど、あんまりアドバイスもらったことないんです。私がこうやったとかああやったとか言うと先生がうれしがって聞いているような感じで。

どこかで使えるぞ、って思っていらっしゃるかも。

字が書けなかったので知能検査を受けて、この子は線が三本あるのがなかなかわからないし、三本あるのはわかっても縦か横か斜めかを判断する力が弱い。字を読むときにはそういう能力が必要だから、一生読めないし書けないでしょうと言われたんですね。
で、ああそうか、と思いました。字が読めないならマークを教えればいいや、と思いました。コンビニのマーク覚えるし、スーパーのマーク覚えるし。私が袋持っているとどこ行ってきたかわかっているし。ああ、こういうものは見分ける力あるんだ。じゃあこれから教えていけばいいや、と思って。

それもまた、すごい観察力ですね。

これだけこだわり強くて少しの差もわかる子です。たとえば飲み物だって、パッケージが変わると飲まない。違うものと認識しちゃうでしょ。

そうですよね。

中身は同じだと説得しないと飲まないです。だから、こういう違いがわかるんだからなんとかなるだろう、と考えました。
字に関しては、病院に行ったり遊びに行ったりするときに駅の名前を教えたんですね。書けなくても伝わればいいや、と思って。でも自分の名前の字はわかるし、字を見ているときに、これは「やまだ」って読むんだよ、と興味持った瞬間にインプットするとすごく覚えるんですよ。あとからはダメなんです。

そうなんですか。

上の子なんかとくにそうでしたけど、お母さんあれなに？ってきかれて「あとで」って言ったらもう覚えないんですね。ききたいときにきかせてあげるとすごく覚えるんです。

脳が準備して待ってるんだ。

準備して待ってるんです。その瞬間に入れてあげないと、あとからじゃダメなんですね。

閉じちゃってるんだ。

そういうことを一つ一つ探って、どんどん発達を促してきて。発達障害のあるお子さんの子育て、大変だけど面白いでしょうね。

はい。

それを老人介護と一緒にやっていたのがすごいなと思いますが。

老人介護で大変なのはみんな言うこと違うので。誰の言うことときいていいかわからないんです。

それに比べるとお子さんは素直でいいですね。

そうですね。

重度の人って本当に「何もわかっていない」のか？

賢ママさんは自閉症の人の気持ちがわかる方だからお聞きしたいんですけど、よく、うちの子重度だから教えてもわからない、ってあきらめられているパターン多いでしょ。わからないんでしょうか？

違うと思います。そう思われてしまうおうちに生まれたお子さんはかわいそうですね。

うちにも知的に高い子と低い子がいますが、低い子がわからないかっていうとそうではありません。色々なことを感じて学ぶ力はあると思います。

同級生とかで、ご自分のお子さんより重いお子さんとも会うことあるでしょう？そういうとき賢ママさんは結構、重度のお子さんの気持ちがわかるみたいですよね。そして、「意外とわかっていること」がわかるみたいですよね。

わかってますね。「うちの子言葉もわからないし返事もしないの」っていうお子さんがいたんですけど、見てるとサイン出しているんですよ。

やっぱりそうなんですね。私の見たところ、その出しているサインを読み取れる人とそうじゃない人がいるみたいなんです。ご自分もアスペルガーの診断が出ている保護者の方でお子さんの気持ちを読むのが上手な人もいます。どんなサインを出しているんですか？

言葉が出なくても目線とか態度みたいなので「お母さん見て」というサインを出しているんですよ。でも保護者が気づかずに「うちの子、言葉が出ないから」とか言っているケースはよく見ます。

たまたまある子と一緒にいたときに、うちの子のおもちゃが置いてあったんですね。それを持って走り出したお子さんがいたんです。なんで走るかっていうとお母さんが追いかけてきて取り上げようとするからに決まっているんであって、なぜだめなのか教えてあげれば納得するんだけど、だめだよーとしか言わないから、お子さんにしてみたら取られるのいやだからぜったいに逃げるわけです。

うちの子全然わからないから、と追い掛け回しているお母さんを私が止めて、うちの子を呼んで、○○ちゃんのところ行って僕のおもちゃだから返してって言ってごらん、って言ったら、うちの子も自閉だから気持ちがわかるので、その子の前に回りこんで目線合わせて、「僕のおもちゃ返して」って言いました。そうしたら、すんなり返してくれたんですよね。

息子さんのおもちゃだということを納得したんですね。

納得したんです。置いてあるだけじゃわからないです。部屋に入った瞬間に、これは触っていい、これは触っちゃダメ、と教えてもらえればわかるんですけど。教えてもらわずにいつも放り出されていて、何か手に取るとお母さんが追いかけてきてひったくる、お母さんから逃げなくちゃ、ということだけは学習しているんですね。

だから、ちゃんと通じたよ、って保護者の方にお話するんですけど、それだけ見ていてもまだ信じないんですよね、偶然だと言って。

うーん。逆に私たち、知能とか言葉とかを過大評価しすぎているのかもしれないですね。だからそうじゃないところで通じることがわかりにくいのかもしれない。

そうなんです。そのお子さんに何年か経ってからキャンプの会場で会ったんだけど、水が触りたくて仕方なかったみたいでした。でもいつ触っていいかを教えてもらっていないので、隙を見ては水道のところに走っていくんです。それを誰かが見つけては引っ張って止めて、というのを繰り返していました。「ここはダメです」って教えてあげたらわかるのになあと思って見ていました。それで先生が「○○ちゃん、そんなことしたらお母さん呼ぶよ」って言ったらぴたっとやめるんです。「お母さん呼ぶよ」がわかるくらいなら、納得できるように教えてあげればわかるのに。

臨床心理士で言語聴覚士の愛甲修子さんが「自閉症の人には気持ちのいい了解が必要」みたいなことを言ってらして、それがないと自閉症の人は納得しないし、逆にそれがあったら納得するんだっておっしゃっていました。私自身がそれにすごく納得したんですね。

あと、支援の世界ではよく、周囲が成功体験を積ませるためにお膳立てをすごくして、ネタバレをしないで、実力だと思わせてセルフエスティームを高くするんだそうです。

でも私から見ると、こうこうこうやってみんなが協力してそしてあなたが頑張ったからできたのよ、っていうほうが自閉症の人には親切な気がするんですけど。

だと思いますね。自分を過大評価しなくてすむし。

ネタバレって大事だよね、っていう話をよくします。でもその逆をやってしまう支援ってよくありますすね。

恩に着せるのは支援です

私は子どもに恩に着せますよ。

やっぱりそうですか。

うちの子はやっぱり食にこだわりが強いので、おかずが気に入らないとラーメン食べたいとか言うんですけど、お母さんはラーメンを作るのがめんどくさいんだと言います。そうすると三分でできるというので、その三分がしんどいんだ、それにあなたがラーメンを食べるとうちのラーメン一個減るんだよとこんこんと話します。

わっはっは。

明日も食べると二個減るんだ。なくなったらどうする？　と話します。そうしたら買ってくる、と。買ってくるのに車で何分走らなきゃならないと思う？　と。

うふふ。

ラーメン食べるのも大変なんだ、ラーメンは湧いてくるわけじゃないということをこんこんと言って聞かせて、

それ大事ですね。

世の中の仕組みとして、誰かがラーメン作ってること、そもそもそれを車に乗ってお金を出して買いに行かなきゃ食べられないことは知っておいたほうがいいですよね。

そうしたら少し下手に出るようになって「ラーメン作ってくれますか?」とか

わはははは。

で、そこまで言うなら作ってやる、と。

うふふふ。でも、それくらいでちょうどいいような気がする。

はい。

それでセルフエスティームが下がることにはならないですもんね。

上の子も、気軽にスーパー連れてって、とかいうので、運転下手なお母さんが山越えて運転するのは大変なんだよ、と言います。そうしたら子どもも考えて「う~ん、じゃあ千円分何か買いますから」とか。

わあ~、勤労学生だからお金持ってますものね。いいじゃないですか！

はい。卵とか小麦粉とか買ってもらって。

いいですね~。

（チューリップ） 働いて帰ってきて、疲れた、といって洗濯物どさどさ置いていくんで、洗濯するのは誰だ？とか。大変なんだぞ、洗濯も、と。

（ひまわり） わはは！
でもそういうネタバレ、いいと思います。言わないとわからないんですから、教えてあげないと。恩に着せるって、要するにママはこれだけ君たちのためにやっているんだよ、っていう愛情を伝えることだもの。

最初から「社会でやっていける子」が目標だった

（ひまわり） でも賢ママさんの場合なんて、療育センター通わなかったことのメリットが大きかったかも。もちろん通ったほうがいい人もたくさんいると思うんですけど。

（チューリップ） 変に知恵がつかなかったという意味では、自己流でやってきてよかったかもしれません。

（ひまわり） それが当たっていたし。そして妙な「ありのまま」を吹き込まれずに、社会の中でやっていけるということを素直に目標にして、それを誰に止められることもなかったし。
ところで、療育センターとはつながらなくても、診断受けさせようと思ったのはなぜですか？

🌷 手がかかるという実感はあったんですけど、やはり周囲には甘やかしすぎだとか、気にしすぎだと言う人もいたし。就学の前にはっきりしておきたかったたし。

🌻 支援級に入ったりするのにね、診断があったほうが話が通りやすいですよね。

上のお子さんはいつ診断がついたんですか？

🌷 下の子が診断受けるとき、一緒に連れて行って学習障害という診断を受けました。知的障害がないので、書けないということがなかなか理解してもらえなかったんですね、学校で。てんかんがあったので、小児科ではよく相談していたんですけど、やはりそこでもお母さん気にしすぎとか、年寄りが多いうちだからわがままなんじゃないかとか言われていました。でも絶対そうじゃないと思ったので。

🌻 どうしてそんな見てきたようなこと言えるんだろう。お年寄りばかりだからこそわがままでいられないことだってあるだろうに。

🌷 あと年が離れたきょうだいだからだめなんだとか。もっと年が近かったらいいんだけどとか。

🌻 余計なお世話ですよね。今から産みなおせとでも？ まったく解決策を提供していないですね。

障害告知

告知っていうのはそれぞれいつごろなさったんですか？

上の子は診断受けたらすぐ告知しました。十一歳でしたけど。ほらね、これで困ってたんだね、って。

ああ、早かったんですね。でもそのころからもう、先生に理解してもらえないという状態だったんだ。学習障害を。

宿題が出されます。そしてできなかったら追試があります。でも昨日できなかったことが今日できるわけがないんです。そして追試に追われている間に今日のテストがまた不合格になって、どんどん積み上がっていくんです。雪だるま式に増えていって、毎日十時までやってもやりきれないんです。そうすると、喘息の発作が出ちゃうんですね。

そうでしょうね。

体力的に限界だし、親が責任持って見るから、宿題出さないでくださいって頼みに行ったんですよ。そうしたら甘やかしているって言われて、何回も先生のところ通って、診断書も出ているから、本当に怠けてないんです、と言ったんですけどわかってくれる先生がなかなかいなくて。本人は学校行くのいやになってしまうし。

無理解な時代だったんですね。今は逆に振れているけど。無理解から一挙に、「障害？じゃあなんにもやらなくていい」みたいに。

また反動が来るでしょうね。その子なりのやり方でやれば身につくことも多いのだから。普通の人ほどできないかもしれないけど、少しは覚えておくといいようなことくらいは身につくことも多いですからね。

極端ですよね。

下のお子さんにはいつ告知したんですか？

自閉症と言ってもわからないので、とりあえず、こういうの苦手だよね、でも頑張ればできるよね、みたいな感じで自信を持たせるようにしました。できないことは今日できなくてもいいし、明日できなくてもいいけど、ゆっくり取り組んでいこう、と言葉と態度で示して、で、ちょっとワケがわかってきたなというときに、お母さんも自閉症で、あなたも自閉症で、だからこういうことが苦手だね～という感じで、脳みそが普通の人と違うんだよ～と話しました。そうしたらそうかお母さんもそうなのか、と言うので、お兄ちゃんもちょっと違うんだよ～と。で、みんなとは違うけど違っていてもいいけどね～と。

それで支援級に通って、別に二次障害とかそういうものは……。

出なかったですね。

そしてお勉強もできるようになって、倍率の高い高等養護も自分の意思で受けるって決めて受験勉強を頑張って、そして今は就職に燃えているんですね。

燃えています。仕事するようになったらＡＫＢのコンサートに行くとか。

ああそういうモチベーションがあるんですね。お金かかりますもんね。自分で稼いだお金で行きたいですよね。

はい。今もこつこつお小遣いためてます。私はお小遣いあげないんですけど、もっぱらお兄ちゃんからもらうんです。

今は子どもにラクをさせてもらっています

へええええ、親御さん、ラク。いいお兄ちゃん。

はい。で、お兄ちゃんはいいことしないとくれないんです。悪いことすると減給。

えええええ、すごい。

そんなヤツに金なんかやれるか、って。

親御さんラクチン。

ラクチンです。で、そのお小遣いを一生懸命貯めて、ＡＫＢのＣＤをこつこつ買ってるんです。何年か前の今買うくらいのレベルなんですけど、すごく楽しみにしていて、買ってきた以上は出資者に聞かせなきゃいけないって思っていてお兄ちゃんに聞かせるんですけどお兄ちゃんそれがイヤなんです。

わはははは。

もらった以上は結果を報告せねばというのが自閉っ子なりの理屈なんですけど。

お兄ちゃんは趣味が違うんだ。でもそれだけ恩に感じているんですよね。ボス、って思っているんでしょうね。

そうなんです。で、うるさい、ボリューム絞れ、とか言われて、ボリューム絞りながらも聞こえる？ 聞こえる？ って。

あはは。でもそれだけボスに忠実だと、いい会社員になりそうですよね。

お兄ちゃんは今、それなりに体力も必要な職場で勤労学生やっていますもんね。頑張って働いて、弟にお小遣いあげるんだ。

私にもくれますよ。

えらいなあ。すごいなあ。本当にラクになりましたね。

ラクになりました。「僕は死ぬ」とか言ってたのを説得してなだめて育てた子かしらと思うくらいラクになりました。

本当ですね。他人に迷惑をかけない子に育てる、その他人には私も含まれます！ってその通りになりましたね。

はい。

親子で歩いた田んぼのあぜ道

身体を動かさなくてもものを覚えられると思っている人が結構いるみたいですよね。

賢ママさんはそうは思わないんですね？

うちの子は、立つのもおぼつかなかったし、歩くのもおぼつかなかったです。これじゃあものを教えても無理だなあと思って。だから、まずこれは散歩だ、と思って。

昔、療育もデイケアも何もなかった時代は、親子で一生懸命山登りとかしたそうです、皆さん。そして結構それでうまく育った、と語るベテランの支援者もいらっしゃいます。今も家族で山登りしていらっしゃる方とかいますしね。

うちはまず田んぼのあぜ道の散歩でしたから。

お子さんはそれで変わりましたか？

変わりましたね。まず落ち着きますね。田んぼ踏みしめて歩くと。石踏んだり水触ったり山登って岩に触ったり。やっぱりその間生き生きしているし。

楽しそうですもんね。

こういう顔していたら、悪いことがあるわけない、と。そういう表情でした。

でも本当によく気づかれますね。才能ですね。

そうですかね。私自身不器用で困っていたんで、やはり子どもには身体使わせたほうがいいなあというのはなんとなく思っていて。跳び箱もできないし縄跳びもできないし。

うんうんうん。自分が困ったことがあったんですね。

お箸がちゃんともてないし。

そして、できなくていい、とは思わなかったんですね。

できたほうが便利だと思っていました。

なるほど。だから「できたほうがいい」という思いで取り組んでいらっしゃるんだけど、本当になんか自然体で、全然がみがみ言ってないですよね。

でも怒りたいときは怒っていました。お母さん怒る、って子どもにも言われたし。

そうですか。

まあお母さんは怒る生き物ですからね。怒るのも、自然なことですよね。生き物として。

自閉症の孫がほしい

お子さん達の将来、どうなってほしいですか？ 夢物語で構わないんですけれども。

そうですね。どっちかが、いや別に両方でもいいんですけど、結婚して、自閉症の子どももうけてくれないかな、と。

わははははは。

どうして？

自閉症の孫育て、やってみたいですね～。

わははははは。

性の話を支援者の方にお聞きしたときに聞いた話だと、「うちの子たち結婚できますか？」って保護者の方はきかれるそうです。そこに「できます」と答えるそうです。でも、両方の両親が結婚に賛成することが、残念ながらあまりないんだそうです。だから、応援してあげられないそうです。

でも賢ママさんのところには自閉症の孫が二人ずつくらい生まれるかもしれませんね。夢じゃないですよね！

二人とも好きな仕事を地道にやって、結婚して、発達障害の子どもを作ってくれたら、と。別に健常でもいいんですけどね。でも、発達障害の子を育てるのは、面白かったので。

いいお話を聞かせていただいて、今日は本当にありがとうございました！

4

重度の知的障害がある子に きちんと 「社会のルール」を教える

いやあ、賢ママさんの「他人に迷惑をかける子になってほしくない。その場合の他人には、私も含まれます」って目からウロコですね。たしかに！　今ではお小遣いさえ上のお子さんと下のお子さんの間で自己完結していて、ラクチンそうです。きちんとした方針で育ててきたことが、報われているんですね。

さて、次は「うめさん」の元を訪ねましょう。うめさんは重度の知的障害を伴う自閉っ子、まる君のママです。

まる君は写真を拝見する限り、八頭身のイケメン。言葉はあまりないけれど、元気に働く大人を目指して今支援学校の高等部に在籍中。学校も実習も頑張り趣味も楽しむ明るい青年に育っている途中です。

一部には「重度の知的障害がある人には道徳を教えられない」という風潮もあるのは事実です。でもうめさん、まる君親子を見る限り、それってちょっと信じられないんだなあ。まる君がこのまま大人になり、世の中のルールを守って、障害ゆえに他の人より他人の助けを多く受けながら、周囲の人に喜びを与え、共存していく姿は容易に思い浮かぶんです。

それがまる君の持って生まれた資質のおかげなのか、うめさん初め周囲がサポートしてきたから生まれた美点なのか、あるいはその両方なのか。いずれにせよ、うめさん親子は読者の皆様にもたくさんのヒントをくれそうです。

では、行ってみましょう。今度は飛行機です。

重度の障害があるとされる我が子に親が遺してあげられる最大の財産とは？

知的障害が重くても、使える能力はある

浅見 本日は、ありがとうございます。本日は、うめさんにインタビューをさせていただいて、『自閉っ子のための道徳入門』という本に収めようと思ってやってきました。

うめさんに登場していただきたいなと思った理由は、「うちの子は重度だからわからない」と重度のお子さんに社会のルールを教えることを最初からあきらめる人がいる一方で、重度の方にもきちんと物事を教えている人もいる。そしてうめさんもそのお一人で、重度の知的障害を伴う自閉症と診断されているご子息のまる君に、上手にルールを教えていらっしゃるからです。

目標は「働く喜びを知っている大人」だということですが、まる君は今、学校（支援学校高等部）に通いながら、ときには就労支援施設で大人にまざっての実習も楽しみ、趣味もそれなりにあって、温泉旅行にも家族と一緒に出かけ混乱することなく楽しんだりして、日々健やかに過ごしていらっしゃいますよね。

同世代と触れ合える学校生活も享受し、お友だちとも交流し、地道に働く。世の中のルールを守る大人への道を順調に歩んでいるように見えるまる君。そのまる君にこれまでどういう風に世の中のルールを教えてきたか、読者の皆様にお伝えできたらいいなと思います。

神田橋先生は『発達障害は治りますか？』の中で、「知的障害のある人は知的に発達します」「知性はもっとも汎用性の高い能力です。だからそこに障害があると不便です。でもバイパスを作ることは可能です」と書かれています。そして長沼先生は、『活かそう！発達障害脳』の中で、発達障害など脳の障害について「満遍なくやられてはいないんですよ。どこかはね、強いんです。たとえば大脳皮質が弱ければ、皮質下が強いとか」とおっしゃっています。

重度だとか、知的障害があるとか診断されていても、どこか使える能力があるということですね。私はこのお二方の考えが好きなんですけど、うめさんはまさにそういう能力をまる君の中に見出して日々育てていらっしゃるように見えます。

そういえば先日は、うめさんもご存知の賢ママさんにインタビューさせていただいたんですけど、賢ママさんのところの息子さんは、自閉症だけじゃなくて弱視もあるそうです。そうすると、視覚支援が使えないっておっしゃっていました。たしかに、と思いました。でも賢ママさんはやはり、お子さんに残っている能力を活用したんです。固有受容覚に働きかけたりして。岩永先生が本（『もっと笑顔が見たいから 発達デコボコな子どものための感覚運動アプローチ』）に書いていらっしゃるようなことを自然にやっていたんですね。

うめさん 不思議なことに、私たちが必死で学んだことを自然にわかって療育していらっしゃる方が時々いるんですよね。賢ママさんもそうだし、中田大地君のお母様もそうでしょう。明石洋子さんもそうです。ＴＥＡＣＣＨとかが入ってくる前から、視覚に強いことに気づいていらしたし。

視覚に強いといえば、まる君もそこが強かったんですよね。

はい。言葉が出なくて、何か障害があるのではないかと思い支援を探しましたが、そのころは本当に支援がなかったんですよね。一応療育のようなものはあってそこに通っていましたが、本人はいやなんです。そこで一応あいうえおのカードのマッチングみたいなことをやりましたが、そのときはもういやでいやで泣きながら叩きつけるようにマッチングをしていました。でもそのころからマッチングはできたんですよね、道順もしっかり覚えるので、療育の場所に行く道でもうどこに行くかわかって泣き始めるという状態で。

療育を受けていたということは、診断は早めについたのですか？

それが診断がなかなかつかなかったんです。言葉が遅い、自閉症じゃないか、と親が言っているのに、そのころはまだまだ診断のレベルが低かったんですね。とにかく言葉の訓練をしていれば、小学校に入るまでに他の子に追いつきます、障害じゃなくしましょう、みたいなことを言われていて。

はあ。

それでいやがる子どもを連れて行って療育に参加していたんですが、ある日公園で楽しそうに遊んでいる親子を見て思ったんです。私はこういう楽しい時間を子どもから奪ってしまっている。もう障害でもいいや。生涯治らなくてももういいや、って。それでその療育は通わなくなりました。ただ、感覚統合だけは続けました。まるがあまりに楽しそうだったからです。そう、このまるの楽しそうな顔、というのは、その後も今に至るまで私の方針を決定する大事な要素になりました。

ノースカロライナに渡る

まる君はまだ高校生だから、診断を求めていたころはそれほど昔じゃないですよね。そして、知的障害があったのなら、なおさら発見はしやすかったはずではないかと思ってしまいます。それだけ、少し前でも診断や療育に関する社会資源が乏しかったのですね。

はい。何もはっきりしなかったし、手立てもありませんでした。言葉が出なくて、超多動で、何かあるに違いないという思いが親にはあったのに。

ちょうどそのころノースカロライナに在住している友人がいて、その人にそういう状態について、愚痴のようにこぼしていたんです。

TEACCHの本場ですね。

はい。そうしたら、TEACCHプログラムというのがあるよ、と教えてくれて、かの地では自閉症の人もそれぞれ役割を持って幸せに暮らしている、まず自閉症の診断を受けたら、と勧めてくれたんですね。

TEACCH部での診断は、ノースカロライナの州以外からも、月に一組受け入れているということでした。ただそれは「ノースカロライナ州以外」なので範囲が広くて、アメリカの他の州から来た人の場合もあれば、私たちのように日本など他国から来る人の場合もある。いずれにせよすごい競争率で、とうていじゃないけれども審査は通らないだろう、と思ったのですが、ダメで元々で書類を出してみたんです。

何しろ日本にいてはもうだめだと、生きていく希望が湧きませんでした。

でもあっさり審査を通ったんですか？

いいえ。佐々木正美先生にすら、まず受からないでしょうと言われていましたし、実際返事は全然来ませんでした。すると友だちが先方に確認してくれて、書類がついていないと言われてまた再送したり、そういう紆余曲折はあったのですが、分厚い選考書類を仕上げて送り、なんと二〇〇一年八月の診断が決まりましたと言われて、契約書が送られてきました。それを読んでサインして、家族全員で渡米することになりました。まるが六歳のときです。

まる君の上にお嬢さんがいらっしゃいますが、一緒に連れて行かれたのですね。

はい。家族で本物を見ておこう、体験しておこう、と思いました。姉にも、見せておきたいと思いました。

ノースカロライナにはどれくらいいらっしゃったのですか？

滞在は三週間です。

失礼ですけれど、家族全員で飛行機で飛んで、ホテルに三週間滞在して、となると、費用もかなりかかりますよね？

はい。ノースカロライナの住民でなければ、診断もセッションも有料ですし、滞在費もかかります。けれどもこの子が大学に行って東京に四年間暮らす間仕送りしたらどれくらいかかるか、などと考えると、この子にとっては今が大学生時代だと考えようと主人と話しました。

ただ、普通大学進学などに関しては、長い時間をかけて貯蓄したりという準備ができると思います。この子の場合には全然準備する期間がなかったので、それはそれできつかったのですが、でも今がお金をかけるときだと思いました。ただ、通訳をつけるとまた費用がかかってしまうので、夫と私で頑張りました。

一生の問題ですからね。よかったですね。それでノースカロライナではどのようなことをしたのですか？

診断と評価、それとそれを受けての親子のトレーニングです。普通は一度に一組しか取らないそうですが、そのときには中東から来たご一家と一緒でした。遠くから来ているためか、帰って親が自分で療育ができるようにということを目標にプログラムが組み立てられていました。

午前中、息子本人が教室で実際にトレーニングを受けます。私たちはその場でそのトレーニングを見て、どういうアセスメントに基づき、どういう意図でそのトレーニングが行われたか説明を受けます。そして午後、親は講義を受けます。子どもの強いところはどこか、それをどう療育に活かすかなどについて、教えてもらいました。

どういう感想を持ちましたか？

ＴＥＡＣＣＨはすごい、と思いました。魔法のように多動のまるが混乱なく動いていました。いかにまるが視覚に強く、視覚的な支援で動くかがよくわかりました。知的に重度の障害があるなりに、どんな方法を取れば「わかる」のか、それを教えてもらいました。

日本での診断では、「きっと混沌とした世界の中に生きているんでしょう」などと言われただけです。将来像が見えませんでした。でもノースカロライナではこの時点で、きっと将来働けるようになりますよ、と言われました。

それはうれしいですね。

はい。希望が見えました。

小学校時代

それから小学校は、地元の学校の支援級にいらしたんですね？

はい。家に帰ってからノースカロライナで習ったことを実践して、その実践の結果を入学前から校長先生に報告しました。そうしたら、ＴＥＡＣＣＨに関しては素人だけれど学校でできることがあるなら取り入れてやってみたいと言ってくださいました。カードによる提示も取り入れてくれたし、スケジュールも立ててくれたし、ついたても買ってくださいました。それまでは手のつけられなかったような障害の重い子たちが、そういう配慮でちゃんと動けるようになるのですから。

やがてその先生も次の先生も、ご自分で自閉症療育のお勉強会などに通ってくださるようにもなりました。「こうすれば伝わる」というのがどんどんわかるのですから、先生が感動されるんですよね。

なんとか小学校生活が穏やかに始められて、という感じでしたか？

スーパー多動でしたけれど（笑）。

そのスーパー多動が収まっていったのには、やはり何か新たな支援があったのですか？

遠方でしたが、自閉症支援に特化した支援団体にお世話になったことが大きいと思います。

　ここまで連れてこられるのですか？　ときかれたのですが、車でも新幹線でもとにかく連れて行きます、とねばって、お世話になりました。そこでアメリカ診断後一人でやってきて本人のレベルや状態とずれてしまっていた構造化を専門家のアセスメントを受けて立て直すことができました。二十四時間本人の認知レベルに合ったスケジュールを組んだり、「どうやったらこの子にわかるか」、学校と家庭で一貫した支援作りの試行錯誤を繰り返した結果、本人が混乱しなくなりました。そして、スーパー多動もだんだん収まっていきました。本当に収まったのは小学校卒業あたりですけれども。長い時間がかかりましたね。浅見さんが今回ご興味を持って取材している「自他の区別」なども、そこで受けた支援がベースになっています。大きかったのは、セッションでのアドバイスをうけて「家庭内別居生活」を選んだことです。

自他の区別を教える

家庭内別居生活？　は？　なんですか、それ？

これはあくまで知的にも重い障害をもつ自閉症の息子に合わせて考えていただいた支援なのですが。それまではまるがかわいくてかわいくて、べたべたと暮らしていたんです。スケジュールも、リビングの隣の部屋に提示してあったし、いつも一緒に過ごして、まるの個室もありませんでした。親子川の字になって寝ている状態で。

でも、これだけ重度の子に将来社会に出ても困らない自他の区別を教えるには、それはあきらめてください、と言われました。知的にも重度の遅れがある自閉症のまる君にあわせた子育てをしましょう。子どもがかわいいのなら、子離れしたほうがいい、と。

子離れ？

と言ってもどこかに預けるということではありません。個室を作って、そのウチと外の違いを教えるということです。そのために工事もしました。その経過は、本人には見せないのです。家具も私が組み立てたのですが、学校に行っている間に組み立てて、鍵のかかる部屋に隠しておきました。工事のときには私の実家に預かってもらいました。大きな変化は一度に入れたほうが本人にしんどくないからと、休みが終わり学校の始業式から本人が帰ってきたらトランジションカードを渡して「自室のスケジュールボードのところに行きましょう」と提示したのです。ちなみに先生には自宅に来ていただき、どの部屋がいいか各コーナーの配置はどうするかまでアドバイスをもらいました。窓があまりない部屋がいいようでした。

ああ、ニキさんも窓があまりない部屋が好きみたいです。

でもそれまでずっとリビングに家族と一緒にいたのに、いきなり二階に自分の部屋ができていて、混乱しませんでしたか？

それが、全然混乱しないのです。驚きました。自分のスペースだということを、すっと納得したようでした。夜も三日くらいで一人自室のベッドで抵抗なく寝るようになりました。

そしてこれが、実はさみしがっていた私たち家族をも救いました。それまでは添い寝していましたし、親が自分の時間ももてない状態でした。寝ているから大丈夫かなあと思って離れると目を覚ますし。あれが続いてたら親の身がもたなかったと思います。でも私にとって息子はかわいくてかわいくて、家庭内別居しなければと思うとさみしくて泣いたんですけどね。でも結果的には、親子ともども安定しました。

第一、リビングなどパブリックな場では一緒にいるのですから、さみしくないです。それまでは見ているテレビのチャンネルをいきなり息子に変えられることなどもありましたが、そういうこともなくなりました。それまでパパが今これを見たいのだとか、教えたこともなかったです。教えようとも思わなかった。でも実は、ちゃんとわかる力があったんですね。食事する場所にテレビを置くのはやめて、リビングのテレビは、まるは触ってはいけないという規則にしました。公共のテレビにはチャンネル権がそもそもないのだとわかるように教えたのです。

その規則は、すぐに納得したのですか?

最初は泣いて怒りました。リビングのテレビにさわれなくて。だから最初は家族も誰もリビングのテレビを見ずに、ペケをつけておきました。どんなに抵抗されても絶対に許してはいけません。ときつく先生からも言われていましたから。でもまるは賢いですからね。すぐにわかったんです。自分の部屋には立派な専用のテレビがあって、それはいくらでも見ていいし、早送りしようと巻き戻ししようと誰にもとがめられません。自由です。そうやって、自分のものと家族のものとの違いはわりとすぐに覚えてくれました。

冷蔵庫はどうでしたか? 勝手に開けたりしませんでしたか?

冷蔵庫に関しても、カギはかけられなかったので前にカードを貼っておき、ほしいものは何々をとって下さいと意志表示してもらうようにしました。

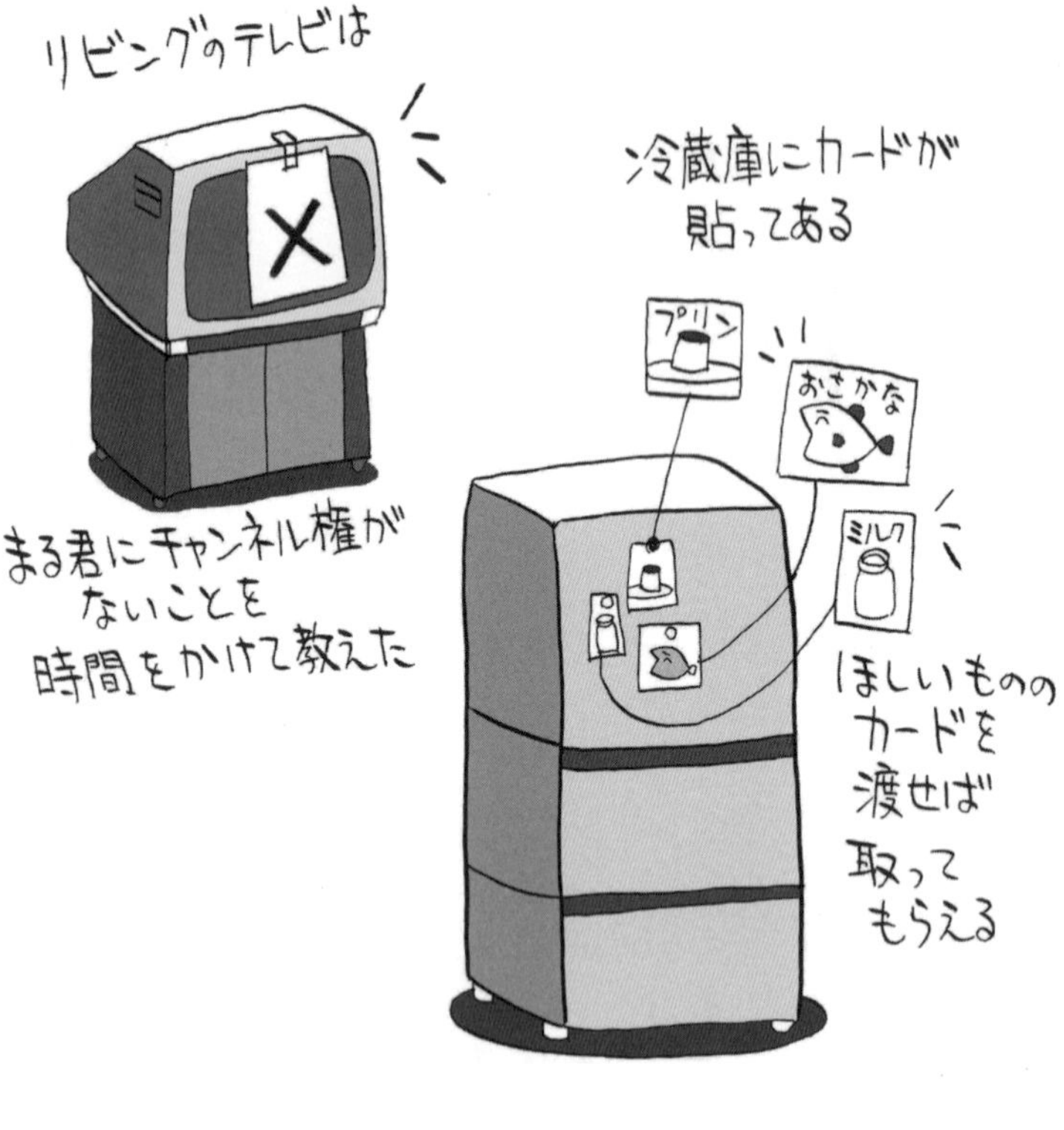
リビングのテレビは
まる君にチャンネル権が
ないことを
時間をかけて教えた
冷蔵庫にカードが
貼ってある
プリン
おさかな
ミルク
ほしいものの
カードを
渡せば
取って
もらえる

「引かない」方針

あくまでも私個人の感想ですがTEACCHもある意味で行動療法だと思います。実際のセッションを見ていて思ったことは、大事なことを教えるときには「厳しいし、引かない」ということです。課題が途中でいやになり、子どもがかんしゃくをおこしても、絶対に途中でやめさせたりはしません。ただし、その子がやり遂げられなかったことは支援側の失敗ととらえて、更なるアセスメントをしてできる課題を与えます。そして必ずやり遂げさせます。とにかく提示してしまった課題はやらせるんですね。実際は初日からきちんとアセスメントされて準備されていた課題は量も内容もまるにはあっていて、毎回喜んで最後まで仕上げていましたから、それは課題をさせるときの注意点として横で教えていただいたことなんですが。

TEACCHは自閉症の人の脳に沿ったシステムではあるけれども、「なあなあ」ではないんです。肯定的な表現が望ましいけれども、社会的に許されないこと、危険なことなどは○で示すと同時に「×」で提示していい、とアメリカで教わりました。そして、視覚情報が望ましいけれども、社会的に許されないこと、危険なことをすぐに止めなければいけないときには声を使っていいとも言われました。firm voice（きっぱりした声）でノーと止めなさいと。もちろん多用はしませんが。

日本の現場の方がむしろ怖がるのかもしれません。×を提示することを。

なんかマジメなんですよね。教わったことを、原理主義的に守って。

本場では引いてはならないことはきちんと貫くというのが印象でした。

トレーニングはどうでしたか？

最初から、英語で名前カードが作ってありました。部屋に入るとすぐにそれを本人に渡されました。提示されたスケジュールのところに、同じカードがあって、それが自分のスケジュールだと言葉かけなどなくても目で見てすぐにわかったようでした。それからいきなり自立課題学習(independent work)が始まりました。本人のトレーニングの時間もけっこう長く、二時間半とかでしたね。他にもセンソリーやアート、スナックタイム（コミュニケーションの練習）、グループ活動なんかもあったり。

でもなんの不安も感じていないようでした。保育園では多動で大変だったんですけど。本当はこんなことも落ち着いてできるんだ、と感心しました。もちろん頭を叩いたりの自傷行為もいっさいありませんでした。

「社会が理解している」の本当の意味

ノースカロライナでは、自閉症の理解が進んでいて、社会が自閉症の人を受け入れている、と聞かされて出かけました。でも特性を許されているというよりは、小さいときから適切に振舞うことをちゃんと教えられているんです。だから、社会が受け入れているのかな？　なんでも理解してくれるときいていたし、当時はそう見えたけど今となったら本当にわかります。きちんと育てられているからこそ社会になじんでいたんですね。

もちろんたしかに理解されているところはあります。外でパニックおこしても、自閉症だというと「何それ？」とは言われません。イッツOK、と言われる場合もあれば、TEACCHっていうのがあるよと教えてくれる人も（笑）。

そういう意味での理解はたしかに進んでいます。「手がないわけじゃないよ」ということを言ってくれようとした人たちもたくさんいました。「そのままでいいのよ」じゃなくて「手があるのよ」って。

今からだとそう思います。そのころの私にはそこまでわかっていなかったけれど。

よく奇異な行動に冷たい視線を受ける、っていう保護者の方からの悲しい話を聞くんですけど、そういう意味では東京はある意味楽な土地だと思っていました。どんな奇異な行動していようと、基本他人には無関心ですから。でもそういうのとはまた違いそうですね。ノースカロライナの一般の方の対応は。

そうですね。「自閉症なの？ ＴＥＡＣＣＨっていうのがあるわよ！」という親切な感じです。もちろんまゆをひそめられるよりは無関心の方が気が楽ですが、「打つ手があるわよ」と教えてくれるのはそれよりさらに親切だと思います。

神田橋先生の治療との共通点

打つ手があるといえば、それを次々と打ち出されるのが神田橋條治先生ですが、外来に行かれて、まる君の育てられ方に関し、最大の賛辞と私には思えるような言葉をかけられたとか。

まるの状態は安定していましたが、神田橋先生には診ていただきたいと思っていました。言葉のあまりない子でもあり、二次障害のようになっていないかどうかとか確かめたかったところがあったんですね。それで、夏休みに家族揃って鹿児島に行きました。

そこで診ていただいたときに言われたのは「脳が苦しんでない。上手に育ててもらってよかったね」と。すごくうれしかったですね。

学校生活でどうしても小脳がくたびれる、ということで、小脳の疲れを取る方法を教えていただきました。それまでは温度の変化にも弱くて季節の変動に体調が左右されたんですけど、今年は暑い中でも寒い中でも立派に農作業をこなしました。私は先生に教えていただいた方法のおかげではないかと思っています。

ああ、なるほど。関係がありそうですね。

私はそういう言葉を、まる君が先生から言われたのは不思議でもなんでもないと思いました。神田橋先生のおっしゃる「気持ちいい」を大事にするという養生方法は、うめさんがまる君を育ててきた方法と似ているように私には見えるので。うれしいですよね。

はい。TEACCHも感覚統合も「笑顔」がきっかけと継続のキーポイントでした。

自閉症とはっきり診断されないとき、その診断のおかげで、とんちんかんな療育に必死で通って、本人を嫌がらせてしまいました。そのときに、もうこんな嫌がって泣く顔は見たくない、と思ったんです。これからもう笑顔だけ見て過ごしたい、と思ったんですね。

そのときに、これからはこの子が笑顔でいられることをなるべく探そう、と誓って、以来それは今も何も変わっていません。神田橋先生の『精神科養生のコツ』の本に、「本人の気持ちいいを大事に」とありましたが、私には本当に納得のいく言葉です。

今はほとんどパニックを起こさないまる君ですが、小さいときは起こしていたんですよね？

はい。「まる君はいいね〜。パニックとか他害とかないタイプだから」と言われますが、パニックのないタイプ？ そんな自閉症のタイプあるんかい⁉ と心の中で突っ込みます。最近は友だちからも「上手に育ててきたから落ち着いていていいね」と言われるようになって、タイプじゃないことに気づいてくれた？ って感じです（笑）。

まるは立派な典型的なカナータイプの自閉ちゃんです。手を抜けば、きっといとも簡単にパニックにだってなります。でも、そこにいたるまでに打てる手はありますよね。

もちろんなるべくパニックにならない環境整備は事前にします。見通しがつくようにスケジュールや手順書やワークシステムを整えたり、再構造化したり、エアコンで体温を下げたり、お腹がすいてたら食べられるものを用意したり……そんなことはもちろんですが、それは母でなくても支援者や先生でもできる部分でしょう。

それ以外、母だからこそできることもあります。小学校高学年から中学あたりの思春期を乗り切れたのはそのおかげです。

難しい時期ですね。

はい。今では、最近いつパニックになっただろう？ というくらい長い間パニックを起こしていませんけど、思春期入り口、小学校五年生あたりが一番大変でしたね。

療育の先生にもはるばるコンサルテーションに来て頂き、学校も家庭も再構造化。学校の担任の先生にも全面的に協力していただいてまずは環境を整えなおし、その上で、長沼先生が「おぼれた時の浮き輪」とおっしゃるお薬だって初めて飲ませてみました。脳波もとってみました。

「打つ手がない」と投げ出したり、「どこどこでの対応が悪い」で片づけてしまうのは、何も前に進まないでしょう？ 本当にどうにもならないのかな、手はないのかな？ と考えます。

それでもそのときは不眠もイライラもなかなか収まらず……それでやったことは、とにかく「本人に聞く」ということです。

つまり、本人の「気持ちいい」を探ることですね。

はい。朝夕、身体をマッサージしたり手足をスリスリしたり、お風呂をいい香りにしたり、バブルバスにしたり、夜はアロマを焚いたり……。

クッションで頭を圧迫したり、そうだヘッドマッサージもしました。

五感からの働きかけで気持ちよくなることは？ 何か他にできることはないか？ と探り続ける、そんな感じでした。

とにかく気持ちいい……と顔の表情を緩ませる何かを探し見つけたらそれをただやりました。ほかにもう手だてがなかったから……。

でも、そこは一番長く関わって見てきた私だから発見できる部分でした。

そうするうちに、パニックを起こしたり泣いたりする前になんとか回避できたり、そのうち回数も減ったような気がします。

パニックが起きてしまったら嵐がすぎるのを待つしかないけれど、その前にどんなことでもいいから、何か一瞬でも楽にさせてあげられるなら私はなんだってやってみます。身体に、まる自身にきけば、気持ちいい……はわかります。子どもの好きなこと。好きなもの。感覚的に心地いいもの。気持ちいいこと。

母としての嗅覚、母親としての本能を発揮すれば見つけられることではないかと思うのです。

そういうことが、療育の本に載っているかどうか私は知らないのですが、賢ママさんとかも自然にそういう働きかけをしているみたいです。

そうやって、数ある方法の中からまる君が笑顔になるものをカスタマイズして組み合わせて、感覚統合療法も続けていらしたんですね。

身体からのコミュニケーション

はい。岩永先生の『もっと笑顔が見たいから』を読んで、構造化や視覚化で教えるという方法以外に、感覚統合的なアプローチが、まるの成長には実はとても深く関わってきたんだということを改めて実感しました。岩永先生の本にはしっかりした理論と実際のアイデアが書かれているので、わかりやすくす〜っと頭に入る感じでした。

感覚的な刺激からの配慮はＴＥＡＣＨでも教えていただきいろいろやりました。センソリーダイエットの大切さもアメリカでも教わりました。

そしてなにより、まるの笑顔が見たくて乳児期からやっていた高い高いやくすぐり（をじらす）とかブランコ、ボール投げ遊びとか……家庭でやってきた遊びが本にいっぱい載っていてびっくりしました。

そうか！ 超多動でたいへんだったけど こうした関わりが実は身体からの大事な脳へのアプローチで、そして対人関係を伸ばすことにもつながることだったんだ。と今になり知ることができて本当に感動しました。

今までまるが穏やかな性格でいいね、とか人が好きな性格でいいね、と言われるのは、持って生まれたものか……と思っていました。

でも、考えてみたら、こういう身体からのアプローチをたくさんしていました。わかるように伝える努力も試み、環境も整備し、そしてその上で本人が楽しんだり癒される時間を作りだそうとしてやってきました。その積み重ねかもしれない、と、今までの子育てが少し報われたような気がして 実はちょっとうれしかったです。

まるを育てている間は、ノースカロライナのようにいつも専門家が近くにいてくれる環境ではなく、むしろ一人で求めて勉強してやっていかなければ何もない環境でした。

情報も少なく、つねに 自分の力不足や不勉強でちゃんと発達させてあげられないのでは……と強迫観念みたいなものもありました。それは今でも変わりません。

でも、岩永先生の本で少し救われた気がしました。

「働ける」そして「働く喜びを知っている」大人になるという目標。

そのために大事なことだけは、もしかしたらちゃんとしてあげられたのかな……そうだといいな……そう思っています。

大人を信頼する子にしてあげたい。お母さんを後追いするようにしてあげたい。あの岩永先生の言葉を読んで、涙しました。

道徳は、説教では身につかない

私も岩永先生のあの実践には感動しました。理論と実践と、そしてお子さんを思う気持ちを兼ね備えた臨床家の方と花風社がご縁があったことを深く感謝しました。

今回、発達に障害のあるお子さんたちにどう道徳を教えているかということを色々な方に伺ってみましたが、「がみがみ」と説教している方は一人もいないんですよね。

まる君も、夏も冬も作業がこなせるくらい丈夫になったということですが、ご本人が前よりラクになっていると思います。労働力として進化しただけじゃなく。そういうことが、道徳を身につけるのに大事だと思うのです。

そうやってラクになって初めて、本人の内面にすとんと血肉化していく社会のルールがあるんじゃないかと思うんですね。性の話もそれに通じますが。

今日はうめさんに、どうやって重度のお子さんにプライベートとパブリックの違いを教えていらっしゃるかお聞きしたかったんですけど、それも個室を作って、家庭内でもすでにプライベートとパブリックを分けるという、実に物理的な解決方法を取っていたということがわかって収穫でした。

はい、個室を作る目的がそれでしたから。小さいときから公共と私をわける、そうじゃないと伝わらない、そうしないとこの子にはわからない、と教わりました。

よそでしてはいけないこともお部屋ではOK、と教えます。そうすると、よそではしません。本人にそれが、わかりやすく伝わります。そのかわり、お部屋は徹底的に自閉症仕様なんですけど。

本人が幸せになる空間作り

どのようなお部屋なのですか？

お部屋の中にそれぞれコーナーがあるんですね。細かく細かく。テレビコーナー、音楽コーナー、センソリーコーナー、自立課題をするコーナー、一人じゃなく私と一緒にお勉強するコーナー、着替えるコーナー、などなど。最初に作ったときはあっても、現在はいろいろ変わっていて、すでにもうないコーナーもあります。お部屋の構造化も本人に合わせて進化していきます。下着を脱いでいい場所も決まっています。たった六畳の空間ですが（笑）。

六畳ですか？今聞いていて、二十畳くらいを想像していました。

壁紙も変えました。

シンプルなんでしょうね。

はい。それまではゴブラン織りっぽい模様だったんですけど、シンプルなものに変えました。あと窓が少ない部屋を選びました。それでも、窓開けて屋根を伝って歩きましたけど（笑）。たしかにそこは教えていなかったなあ、と。

とにかく、まる君がそこにいて幸せになるお部屋ですね。

はい。元々センソリーグッズを探すの好きだったので、たくさんたくさんコレクションしました。「気持ちいい」を追求して。

甘やかしとは違いますよね。デフォルトでつらいことが多い人たちなので、少しでもラクにしてあげる。そうするとルールも通る。

落ち着いていないところで構造化してもなかなか入らないです。

それでも六畳のお部屋をそこまで構造化されて。寝るのはベッドなのですか？

こんな
カンジかな〜？
そーねー
さら
さら
ロフト
まる君のおへや
コーナー 想像図
部屋の
場所によって やって良いこと
悪いことが 制限されている

ベッドはロフトです。こうやって構造化して、プライベートとパブリックを分け、例外は許さないというところは、ノースカロライナで受けた指導と日本で受けた指導と変わりません。でも同じようにTEACCHをやっていても、日本では子どもが「わ～」となると「いいよ、いいよ」になることもあるように思います。そういう方から見るとこういうやり方は厳しく思われたみたいですけど。私としてはむしろ、例外を作ってはいけない、つねにOKになってしまうから、と教えていただいてとても納得できました。

そうですよね。例外って自閉症の方には不親切だと思います。混乱させてしまうし。

後になってからでは修正がききにくいですから。

誤学習が得意で再学習が苦手ですからね。

一人で過ごす時間を楽しめるようになると親が自由になる

じゃあ今は、まる君はパブリックなスペースとプライベートなスペースをそれぞれ楽しんでいるんですね。

はい。食事はもちろん食堂で取ります。その後もまったりとリビングでも過ごしています。リビングのテレビのチャンネル権はありませんが、iPadはリビングで楽しんでいます。自室でもつながるんですけど、リビングで触ることに決めているみたいだし、充電や何かにこちらも気を配らなくてはいけないので、これはリビングで楽しんでもらうことにしました。

本当に一人で過ごすのが上手になりました。そうしたら、私仕事できるじゃないと思って。

ああ、うめさんは仕事されていますものね。重度のお子さんがいると、仕事が続けられないケースも多いけど、まる君の状態が安定しているからこそ、仕事ができるのですね。

はい。私は元々仕事が好きなので、近所の子どもたちに、家で勉強を教えるようになりました。自然に地域に受け入れられているきっかけになればと息子のために始めたのですが、自分の時間を私も楽しめることになりました。

賢ママさんが面白いこと言っていらっしゃいました。「他人に迷惑をかける子になってほしくない。その場合の他人には、私自身も含まれます」って。

名言ですね！（笑）この心地よさを知ってしまうと、ぜひ私も他人に含んでいただきたいと思います。家族みんながハッピーでないといけない、とTEACCHでも言われました。きょうだいも含めて。

そしてそのハッピーって、今この瞬間だけではないでしょう。将来にわたって。

はい。そのためには教えるべきことはきちんと教えておきたいです。社会の理解を求めることももちろん大事ですが、それよりも社会のルールを守れる大人に、そして受け入れてもらえる大人に育てたほうが近道です。

浅見さんがおっしゃったように、重度の子には社会のルールは教えられないという風潮もたしかに一部ありますが、小さいときから本人にわかる工夫をして積み重ねて教えていけばきっとわかると信じています。そしてうちの子の場合、恥ずかしいという気持ちも芽生えてきています。恥ずかしいことはしたくない、という気持ちもあるので、それを大事にして教えるべきことは教えていきたいです。

人間として、人をキライにならなければ、生きていけると思うのです。それが今の希望です。人間がキライじゃない、働くことの喜びを知っている大人。たとえ安い賃金でも、自分で稼いだお金を使ってプライドを感じるような大人。そんな素敵な大人に成長して欲しいと願っています。

私はまる君が、実習で稼いだお金で買ったコーヒーを飲んでいた後姿の写真が忘れられません。うれしい、うれしい、って背中が語っていた。

障害者を巡る制度は、時代につれ変わるでしょう。それでも、制度がどう変わろうと、本人の中に育まれたものは残ります。大きな震災があろうと、消えることはありません。

どこに行ってもかわいがってもらえる。パニックにならない。ルールを守れる。そういう人になれれば、障害があっても、親亡きあとを生き抜いていけるでしょう。それが私が子どもに遺してあげられる最大の財産になるのではと思っています。

障害があるということは、大きくなればなるほど選択肢が狭まるということなんです。

それが障害なんです。これから大人になり、老人になるにつれ、選択肢はどんどん狭まるでしょう。だからこそ、今のうちに広げていかないと。

障害のある息子を、一人の人間として育んでいきたいのです。自閉症は、情緒障害みたいに言われるけど、内面にはあふれる感情がありますもの。

ありますよね。

それを探って、引き出して引き出して、まだ探せるんじゃないか、まだ何か楽しめることがあるんじゃないかとあきらめずに探してきました。経験値を積み重ねたいとか、趣味を見つけてあげたいという気持ちで、山登りにも一緒に出かけました。それは今でも、親子で楽しむレクリエーションになっています。

もちろんうちの子には、まだまだできていないこともたくさんあります。そこが障害なんです。でも打つ手がないわけじゃない。できることはしてあげたい。

そのための情報は、今はたくさんあります。早期に介入するとそれだけ効果もあがります。打つ手はある。子どもが何をすれば笑顔になるか、子どもがヒントを与えてくれる。そうすれば可能性はきっと広がるということが、皆さんの間に広がればいいと思います。ルールを守り、働くことに喜びを感じられる大人に育て上げること。人が好きで、人に好かれる子に育て上げること。

それが重度の障害がある子に、親が遺してあげられる最大の財産だと信じています。

5

他害行為がなくなっていくとき、何が起きているか？

賢ママさんに続き、うめさんのお話も興味深く、そして感動的でした。

賢ママさん、うめさん、それぞれ療育へのアプローチの仕方も違いますが、お二方とも「脳みそをラクにする。そしてルールを入れていく」という方法を採られていました。そしてお子さんたちは、社会のルールを身につけていました。お二方とも、身体的なアプローチを自然に採り入れていらっしゃいました。


次に登場するのは、臨床心理士で言語聴覚士の愛甲修子さんです。神田橋先生の本を作りませんかというオファーを花風社に持ってきてくださった恩人ですが、一方で実は支援者としてもユニークな方なのです。どうユニークかというと、さすが神田橋先生のお弟子さんだからでしょうか。お話を聞いていると、かなり強度な行動障害のある方の問題を解決してきた経験が多いようなのです。しかも、あまり気負うことなく、さらりと。

家庭内暴力とか不登校とか引きこもり。こういう問題って本当に根深くて、「治らない」あるいは「治りにくい」と信じてしまっている保護者も支援者も多いという印象を持っています。けれども愛甲さんは、それをどうやら治してきた経験があるようです。しかもそれが特別なことだと思われていないようなのですね。ただその人らしくなってもらって、バランスよく生きてもらえるようになれば――そういう気持ちで臨床に臨んでいると、結果として問題行動が消えていくんだそうです。

愛甲さんがどうやって行動障害の方たちを治してきたか、お聞きすることによって、支援の現場でも家庭でもヒントになるかもしれません。

改めて、愛甲さんにお話を伺ってみましょう。

問題行動を治すのは、ご本人たちのためです

家族すら遠ざけてしまう問題行動の人たちと接して

浅見 愛甲さんは、いわゆる問題行動をとっている人たちの支援に当たられてきたご経験もおありですが、「なんか治しちゃい」ますよね。私は、以前神田橋先生に桜島に連れていっていただいて、お食事をしながらお話をしていたとき、先生が愛甲さんのことを、うろ覚えなのですが、「なんだか患者さんが治っていってしまうセラピスト」みたいな表現をされていたのが心に残ったのです。そしてそれから色々お話を聞いていると、普通なら「治らないよ」って見放されているような強度な行動障害が出ている方の問題行動を、出なくしたり緩和したりするご経験が多いようですね。

愛甲さん そうですね。私は基本的に、なんとかしよう、という姿勢ですね。
私が行動障害の治療にあたっていた当時は、今ほど発達障害について研究が進んでいなかったせいもあって、治せるという確信はなかったのですが、その方が感じ取られている世界を想像しながら一生懸命かかわらせていただいているうちに、行動障害がなくなっていきました。

残念ながら、すべての臨床家がそういう意思をお持ちではないようですね。

自分や他人に被害が及ぶ問題行動があっても、それを治そうとはしなかったり、「治すという考えは正しくない、障害があるのだから周囲が受け入れるべきだ」という主張も見かけますが、愛甲さんの場合にはなんだか治してしまわれるみたいですね。しかも、あまり「がみがみ」とか「スパルタ」という手段ではなく。

どうしてだろう、と思って愛甲さんのお仕事を色々拝見しているうちに、『樹が陣営』という雑誌にお書きになっていた記事を読みました。愛甲さんはあの記事の中で、障害のある方が収容されている施設を強制収容所にたとえていましたね。そしてある意味、施設の方が収容所より過酷なのではないかと示唆されていました。

先日、重度の知的障害を伴う自閉症のお子さんをお持ちの方に取材させていただいたとき、「大人になるにつれ選択肢がどんどん狭まる、それが障害があるということ」と教えていただきました。以前より人権に配慮される状況にあるとはいえ、まだまだ自閉症の人にやさしい施設は貴重。そしてその施設が人を選ぶ時代であり、問題行動がある人はまず真っ先に敬遠されます。そして愛甲さんはある意味で、選択肢が与えられなかった方たちの支援に携わっていらっしゃいましたね。

そうですね。たとえば強制収容所の被収容者の場合には、家族が存命であれば、外に出たら待っている家族がいるわけです。けれども家族の決断によって施設に入れられて、そこから出られない人たち、出ても待っている家族がいない人たちがいます。いわゆる強度行動障害といわれるものが出ていて、家族と一緒に暮らせない人たちとかかわってきました。

盲聾唖に加えて、自閉症のある方については、本にも書いたことあります（『心に沁みる心理学』川島書店）。その方は、職員に噛みつく癖があったんですね。それが、もう二十年くらい続いていたんです。

おそらく色々な解決方法を試みたとは思うのですが、どれもうまくいかなかったようで、職員は、噛みつかれても何も言わないんです。人に噛みつかれる体験をされたことがある方にはわかると思うのですが、それはとても哀しい体験なんです。私はこの人が、他人に噛みつかないようにしたかった。

そうですよね。噛みつかれる方もいやだろうけど、噛みつく方も苦しそうです。

そうなんですね。何がなんでも噛みつかないようにしてあげたいと思ったんです。

それが本人のためだし、支援者のためだし、家族のためでもある。

家族だって、問題行動のせいで早くから子どもを手放さなければいけないこともあるんです。そしてその子の存在を隠したまま暮らしていることだってあるんです。そのままにしておくのは、本当に不幸なことなんです。

おまけに家族がもてあまして施設に預けたからといって、施設で必ずしも「教育」されるわけではありません。薬を与えられるだけ、ということだってあります。薬を処方する医師も、会わないままで大量の投薬をしていたり。

どうして会わないんですか？　噛まれるから？

はい。それと、言葉でのコミュニケーションが難しい方にどう対処してよいかわからないとか、精神科薬をいくら増やしても状態が一向に良くならないことなどから、医師のモチベーションが低下してしまっていたこともあったかもしれません。だから私たち支援者がドクターと面談して処方してもらうんです。

ああ、やっぱりそういう風になっている現場もあるんですか。

はい。その噛みつく方は、成育歴からいっても発達障害だったのですが、統合失調症という診断のもと精神科薬を大量に服薬していました。薬の副作用から神田橋先生がおっしゃる三次障害になっていたわけです。その他に知的障害はそれほど重くなくても、家庭内暴力があって施設に入れられて、そこでもやはり職員を殴っていた方もいました。あるいは、ストッキングに触りたいという気持ちを抑えるのが苦手な人が、実際に女性がストッキングをはいているのを見たら触ってしまうので、とにかく外出するときには職員が何人もついていないと一般の人に被害が及びかねなかったり。色々な問題行動を起こす人を診て来ました。でも治っていきましたよ。

強度行動障害が治っていくとき何が起きている?

どんなことをやったんですか?

身体への働きかけは多かったですね。一緒にトランポリンを跳んだり。そうすると目が合いますし。

非言語コミュニケーションで、対人関係を育てるということでしょうか?

はい。それに、やはり体の感覚が鋭すぎたり鈍すぎたりしてうまく自分でつかめていない人が多いんです。背中があるのがわからないとか、そうすると感情もつかめないいんですね。

あと目をつぶって、手と足の指を触って、どの指に触ったか当てるゲームなんかもやりましたね。これは色々な人とやりました。

それがわからないんですか?!

目をつぶると
どの指に さわっているのか
わからない

最初わからなかったですね。とくに足はわかりにくいようです。だんだんわかるようになります。そうやってボディイメージが育つと、不思議なことに問題行動が消えていきます。

ボディイメージが希薄だと、周囲の世界と自分がつながらないんですね。3たす3は6、というのはわかるけれども、「片手に三本ずつ鉛筆を持つと両手で何本ですか?」と聞いてもわからなかったり。（編注：WISCウェクスラー知能検査の算数問題のひとつ。）

はあああああ。それが身体へのアプローチで改善していくんですか。

身体アプローチ以外にはどういうことやりましたか?

選んできた音楽を一緒に聴いたり、日記を書いたり、絵を描いたり、散歩したり。

それだけ?

はい。ひとり遊びを二人でコミュニケーションを行いながら楽しんでいる感じです。

それで治るんですか?

なぜ行動障害が改善されていくのか

ひとり遊びを二人でコミュニケーションをとりながら行うことで、どうして行動障害が改善するのかについて、少しだけ説明させていただきますね。

行動障害のある方はコミュニケーションが苦手ですが、ひとり遊びはできます。日記を書くことが好きであれば、日記がひとり遊びになりますし、音楽を聴くことが好きであれば、音楽がひとり遊びになります。

ひとり遊びを信頼できる人と二人でコミュニケーションをとりながら行っていると、ひとり遊びがふたり遊びに変わっていきます。ひとり遊びは一方通行ですが、ふたり遊びは双方向のやりとりです。

一方で、暴力行為というのは、実はすべて一方通行の甘えです。人を傷つける他害行為すべてがコミュニケーションを欠いた甘えなわけです。

ひとり遊びを二人でコミュニケーションをとりながら行うことで行動障害がなくなっていくのは、一方通行の甘えが双方向の言葉のやりとりに変わっていくからです。

先ほどの盲聾唖の噛みついていた方の場合は、自傷行為がかなり激しかったので、最初のころは、毎週同じ時間帯に散歩を続けていました。散歩の途中で公園のゴンドラ（四人乗りブランコ）に乗ったり、公園の水道の水で遊んだり、季節の花を嗅いだり、ベンチで抱っこしたり、五感を意識的に活性化させていきました。関わり始めて半年が過ぎたころから「一本橋こちょこちょ」と言いながらお互いの手の平に一本橋を描き合う遊びができるようになっていて、気がついたらいつの間にか自傷行為も噛みつきも消失していました。

中度の知的障害のある自閉症のお子さんで、家庭内暴力があったりした人もいたんですけど、一緒に毎回絵を描いていたんですね。お母さんの絵ばかり描くんです。最初はバストトップの絵しか描いていなかったんだけれども、やがてお母さんの全身が描けるようになり、そのころ暴力もやみました。

絵画療法ってどういう効果があるんだろう？ たしかに脳を使いますよね。それに、手指も使うし。非言語コミュニケーションにもなる。

そうですね。絵画療法は、その人の知覚を通して記憶されていたある対象が、その人らしく表現される方法なので、心と体の間にあった目詰まりが取れて、生き生きと自然体になっていく効果が期待できます。ただし絵画療法がよいからといって、子どもの資質を無視してむりやり絵を描かせようとしても、かえってそれがマイナスに作用してしまうことがあります。

神田橋先生は絵画などの芸術体験について次のようなことを言われています。

「芸術体験はからだの世界ときれいにつながっているのであり、芸術体験はからだの世界への影響力、誘いの力をもつし、いま・ここ性から切り離された「作品」は、切り出された、からだの世界であるということです。」（「『現場からの治療論』という物語」17）

子どもがその子らしくのびのびと絵を描いていけることが大切です。

もっとも自閉症スペクトラムの方に絵画療法を行う場合では、漠然と「絵を描いてください」と言っても、何を描けばよいかわからない方がほとんどです。

そのような場合は「何か描きたい絵ってありますか？」と聞いてみて、「お母さん」とこたえれば「ではお母さんを描きましょう」と具体的に何を描けばよいのかこちらから指示するようにしています。

他害やストッキング触りがあった方の場合、最初はお母さんの目から上は描けなくて、口から下の部分～腰より上の部分までしか描けませんでしたが、手足を付け加えてもらうよう指示したところ、その後は自主的に目や手足が描けるようになっていきました。

絵画療法をすることによって…
はじめは鼻だけの
目なし
だんだんと
全身が描かれていく

実はこれは中井久夫先生が考案されている絵画療法の技法からヒントをもらっています。HTPという家と木と人間を描いてもらう心理療法がありますが、中井久夫先生は、治療者の方から指示をして、足りなかった部分を患者さんに描き加えてもらうことで、患者さんの状態を好転させていく技法を提案されています。中井先生は「家は住まう身体、木は育つ身体、人は対人的な場で活動する身体としての、それぞれ自己の身体性を表現していると考えた方が理解できる場合がある」（中井久夫著作集「精神医学の経験 治療」171）と言われていて、絵画療法を上手に活用することで、患者さんの身体性を改善させていくことをされています。

この方が描いたお母さんの絵ですが、対人的な場で活動する身体としての自己の身体性の表現と結びついていることから、身体の一部分から全体へと身体性を感じ取れるように変化していったことが、行動障害を改善させるうえでひとつ大きな力を持ったのだと思います。

その他には言葉を使ったコミュニケーションも取り入れます。作文によって気持ちを言語化したり。そうだ、一人ゲーム中毒の男の子がいて、彼がはまっていたゲームを一緒にやったんだけど、私は瞬殺されてしまったので、相手にならないなという顔をされてそれから十本指のあてっこをして遊んだりするようになりました。それからメールをやりとりしたり。

そうしたらあるときにそれをまとめてきてくれたんですよね。このメールのやりとりは見せていいって言われてるんですよ、ほら。

わあ、きちんとまとめてある。ていうか、特別なやりとりじゃないですよね。

そうですね。ごく普通のやりとりです。

この方は今、いい状態なのですか？

ゲーム中毒からすっぱり抜けたんですね。そうしたら夜寝て朝起きられるようになって、生活習慣が整うと成績もよくなって、今大学生として生き生き暮らしています。

支援者に大事なもの

なんか愛甲さんにかかると、「問題行動のある方の生活の立てなおし」というのがとても簡単なことに聞こえますが、要するに問題行動を呈している方は、薬漬けにされ、三次障害を起こし、よけいに遠ざけられてしまい、それだけのやりとりさえ他人と交わす機会がなかったのかも、という気もします。そうだとすると、本当にご本人が気の毒ですね。

愛甲さんはさらっとお話なさるし、すべての方がこれで治っていくというのはにわかには信じられないけれど、でも治っていった人もいるというところに希望を持ちます。

そして愛甲さんのやり方を見て気づくのは、別にがみがみ説教しているわけじゃないいんですよね。今回この本を作る際に取材させていただいたお母様方もそうですけど。がみがみは言わない。けれども逆に、傷つけまいとびくびくしているわけでもない。変に遠慮しているわけでもない。人間として対等に接している。だから、覚えておいたほうがいいことはきちんと教える。そういう方たちが障害のあるお子さんの中に自然に道徳を育んでいるんですね。

　残念なことに、そういう志を共有していない人もいます。この本でも、親としてはどうにかしたいのに支援者が「社会が理解すればいい」としか言わなかった例などが出てきます。今だから許されるけど、大きくなったら犯罪として警察沙汰になりかねないことを放っておいたり。

　そういう行動を見たとき、やはり被害者の立場を考えることも支援者には必要だと思います。自分が被害者だったら、と考えると思うんですけど。

　普通考えると思うんですけど、障害者の支援をしている人は障害者の加害的な面に目をつぶることも多いです。それが支援者としてあるべき態度だとでもいうように。だとしたら障害者支援って社会正義に反するんですか？　っていつも思うんですけど。

　社会に暮らしている以上、被害者に目を向けないわけにはいきません。それと、自分自身がそういうことをせざるを得ない状態だったら、と考えますね。やっている本人だって、苦しいわけですから。

私がそういう人にかかわるときには、なんとかそういうことをやめられる状態に持っていきたいと考えて、試行錯誤で方法を見つけ出します。

その意欲があっても、どうしていいか途方にくれるケースも多いと思うのです。

基盤は障害児教育で学んだ理論ですね。それを試してみます。

障害児教育の理論を学んでいる人はたくさんいると思いますが、見つけられる人は多くありません。

理論を学んだ上に、創意工夫が必要です。その人が志向している世界がどのようなものなのか、どのように世界を体感しているかなど主観に関する想像力がなければなかなか解決方法にはたどりつけません。盲聾唖の人に対しては、どういう感じで生活をしているかを知るために、目隠しをして耳をふさいで一定時間過ごすようにしていましたよ。そうすると、少しは世界が近くなります。その人が置かれている世界を想像してみることが必要です。人間を理解するのに、客観的に考えるだけでは不十分なので。

問題があったら、なんとか解決しよう、そのために習ったものを全部出そう、という感じでしょうかね？

あと、私自身が生きてきた経験からつむぎだす方法も多いです。私自身、自分も見かけ上は適応していても、群れには入りきれないところがあって、そのときそのとき自分自身の頭で解決方法を考えてきました。その経験が生きています。

その人その人が幸せになっていくために、何をしたらいいだろう、というのを、自分自身が苦労してきた部分をあてはめて考えることも多いです。

医療との連携

そして強度行動障害が出ている人への対応の場合、やはり医療との連携は大事です。強度行動障害の治療でまず重要なことは、過敏体質に合った最低限の薬（あるいは薬なしの状態やサプリメントなど）を調整する医者による経験値に基づいた職人技です。そこから自傷や他害やフラッシュバックなどの治療に入る方が改善につながりやすいと、私自身は考えています。

また、教育の場を変えるという意味で、医療を利用することもあります。

ルールが守れない子どもにルールを教えるうえで大切なことは、暴力や暴言などルール違反を決して許さない環境づくりです。

児童虐待やＤＶ（ドメスティックバイオレンス）が許されないのは、家庭を暴力や暴言を許す環境にしてしまうからです。

そのような環境では、子どもは暴力ＯＫといったルールを身につけていきますので、外でも暴力を振るうことがあたりまえになってしまいます。

　そしてこのように家庭で子どもにルールが教えられない場合は、医療の力を借りることもひとつの手段です。
　暴力や破壊行為があるお子さんを小児青年精神科病棟に夏休みの数日だけ入院してもらって、病院社会の中で挨拶や仕事やルールを通して身体のコントロールのあり方を学ぶことができれば、自分で自分を規制することができるようになります。

なるほど。様々な連携の仕方を見てこられたのですね。

過敏性には意味がある

自閉っ子が過敏なのはね、一種の防衛なんですよ。

防衛？

はい。臆病な動物が感覚を鋭くして生き伸びているように、自閉っ子も身体の感覚を過敏にすることで過酷な環境下を生き抜こうとしているんです。せっかく過敏にしている感覚を大量の精神薬で麻痺させてしまうことは、かえって不安感や焦燥感を高じさせてしまう結果となります。なのでバランスをとるために自傷によって過剰刺激を与えざるをえなくなります。

あああ、そうなんですか。

それと愛着障害への配慮も大事です。

と言ってしまうと、また傷つく方が出てくるのではないかと思います。たしかに自閉っ子も保護者のやり方次第で予後が左右されるとは思います。けれども自閉症に生まれたこと自体は親の責任ではない、というのが共通理解になっていますし。そこで「愛着障害」という言葉が出てくると抵抗される方も多いかと……。

誤解のないよう、詳しく説明したほうがいいですね。親に愛情があって、慈しんで育てていても、自閉症のお子さんの場合愛着障害をおこしやすいと考えられます。

　自閉っ子は、赤ちゃんの時にお母さんに上手に甘えられないことから、人間関係づくりの課題を抱えたまま成長していきます。

　小学一、二年生になってようやく上手に甘えられるようになる自閉っ子が多いことから、お母さんと離れることが辛くなって登校を渋ることがあります。その様子から母親も学校の先生方も「子どもの甘えを上手に受け止められなかった母親の育児の失敗」と捉えがちですし、周囲の専門家たちも口を揃えて「お母さんがしっかりとお子さんを愛せなかったからこうなったのですよ」と母親を責めることから、お母さん自身も自責の念にかられることになります。実際は子ども側の甘え下手が原因で愛着関係がしっかりと構築できなかった場合の方が多いのですが……。

あああ、甘え下手。甘える力の遅れ。それはわかります。

言葉のレベルでは難しい治療

はい。親に対する愛情の芽生えが遅いのです。それと、感覚調整障害もあるでしょう。

本来ならスキンシップで愛情を育む時期に育めないのですね。

はい。そういうわけで、普通の子が愛着を養う時期に、その機会を逃します。

そうするとその後の対人関係づくり▼社会ルール習得へという道筋がうまくいきません。幼稚園や保育園でも小学校でも中学校でも集団生活が苦手になってきます。

岩永竜一郎先生も指摘されているように、発達障害の中には感覚過敏や感覚調整障害の子が大勢いますが、その子たちにとっては、学校生活自体が苦しい場になるのです。小学校高学年から中学生にかけて不登校になる子どもが多いのは、二次障害としての症状の出現であったり、それまでの「よい子」が友人関係の中で「うざい子」に変わってしまったり、感覚過敏が思春期による心身の変化から強く出たりなど諸々の要因が考えられます。

愛着障害は乳幼児とお母さんとの身体（感覚）を通じた関係基盤の障害なので、行動障害にも愛着障害にも感覚統合など、身体的アプローチが有効なのだと思います。

逆に言うと、言葉のレベルでは治療が難しいです。身体を通じた働きかけが効果的です。盲聾唖で自閉症の女性の噛みつきの強度行動障害が改善したのも、新しく着任した精神科医に慎重に薬量を減らしていってもらったことと身体を通じた関係遊びのおかげでした。

「納得させる」は「叱る」より有効

愛甲さんは二人の成人した息子さんのお母様でもありますが、一人の親御さんとしてはどのように子育てをされたのですか？

私自身が親から怒られたことがないんですね。そして、子どもを怒ったこともないです。

ええええ、本当ですか？

はい。それでも信頼できる人との出会いがあって、その人との関係のなかで子どもは規範を覚えます。

でもそれだけではないでしょう。

もちろん、気をつけてきたことはあると思います。それは、子どもたちが納得できるように伝えてきたことだと思います。

私の場合は、納得できないとすべて忘れてしまいます。高圧的態度をとられるとそれだけでダメです。なので、子どもたちには各々が了解できるよう伝えるように工夫してきました。それは今、発達障害の方を支援する面でも役立っています。

自閉っ子は、「過敏体質＋こびりつき脳」の持ち主なので、納得できないと規範が守れません。定型発達の子どもたちが納得する教え方ではうまくいかないことが多く、他のやり方を探さなくてはなりません。心地よい了解感が得られるように伝えていく工夫が必要なわけです。

支援する親や教師や支援者など大人たちには、「どうすればこの子は気持ちよく了解するだろう」という想像力が求められます。

そして、納得することができれば、聞き分けはいいんですよね。
「ネタバレ」が大事だと感じることが多いです。

もっとも、私なんかは、一切怒られずに育ったら今より相当ダメ人間になったと思うので、やはり怒ったほうがいいかどうかはその子の特性によるのだとは思いますが。

過敏性の違いもありますし。

そのときに重要な指標として、神経学的に刺激に強いか弱いかを見極めるのが大事ですね。長沼睦雄先生の『活かそう！ 発達障害脳』にそれが詳しいです。あのアセスメントの仕方は、目からウロコでした。そして、刺激に弱い子を前提に紋切り型に療育をしていくと、一定数社会的なルールを覚えられない子が出てくる。それが今犯罪につながったりしているのではないか、と思いました。

もっとも、刺激に強いか弱いかにかかわらず、「ネタバレ」は有効な支援だと思います。

たとえば、大人として社会人として生きていくのに必要なことは何でしょう？
ある方に教わったのですが、社会で生きていくためには、挨拶ができて、仕事ができて、ルールが守れる人になる必要がありますね。最初からそのことをきっぱりと伝えてあげるだけでも効果が期待できるかもしれません。将来社会貢献できる大人へと成長していくためには、まず社会のルールを身につける必要があります。そこに特別支援教育の意味があると思うのです。

「特別支援教育」の究極の目的

そのためにまず一番大切なことは、全ての子どもたちが義務教育を受けることです。そしてそのためには不登校の子どもがひとりもいない柔軟な学校教育体制づくりが必要です。特別支援教育を充実させていくことが強く求められます。それは子どもが社会ルールを身につけるためにはどうしても集団での経験が必要だからです。

たしかに。集団の中でしか覚えられないことがあります。そして、生活習慣上も登校したほうがいいに決まっています。その子なりの学力を身につける必要もあります。登校したほうがいい理由はたくさんあります。

それでもいったん不登校に陥ると、医療が不登校を勧めるケースも多いし、学校現場でも不登校に関して「見守り」という名の無策も多いのが現状のようですけど。

不登校を放っておくことは、差別なのです。

私もそう思っています。登校できる環境を作ってあげるのが学校教育の役目だと思います。

実際には差別的な扱いが、学校という場で行われている現実があります。

私はスクールカウンセラーをやっていますが、いまだに特別支援学級や特別支援学校に対して偏見を持たれている先生方が大勢いらっしゃいます。特別支援教育を受ける子どもに対して「将来仕事ができない社会的弱者」と誤って捉えている先生方がまだまだたくさんいます。

それは間違いですね。

そうです。でも幸い、一方で優れた先生もいらっしゃいます。子どもも先生もキラキラと瞳が輝いている学校の特徴のひとつとして特別支援コーディネーターの先生が先生方の相談役になり、通常学級での特別支援教育がうまくいっているということがあげられます。

皆さんご存知のように、文部科学省が特別支援教育をスタートさせたのは平成十九年です。特別支援教育がそれまでの特殊教育と違う点は、知的に遅れのない発達凹凸の子どもたちが特別支援教育の対象に含まれたことです。

精神科医の杉山登志郎先生は、低学年の間は特別支援学級に在籍させて、その後通常学級に戻すことで二次障害を作らずに自己確立ができていった発達凸凹のお子さんについて紹介されています。

おそらく、そういうお子さんはこれから増えていくと思います。そのときそのときの状況に応じて、登校して学習できる場が確保できる状態で、そのときそのときの課題を身につけていくお子さんが。この本にも、そういうお子さんの保護者の方とのインタビューを収録してあります。そうやって、どういう場でお勉強してきたかにかかわらず、将来社会《みんな》の中で暮らしていける子どもを増やすのが、特別支援教育の目的なのだと私は理解してきました。

過敏性が強かったり自律神経に問題があったり固有受容覚や前庭覚などに問題があるお子さんを通常学級だけで学習させようとしても、無理がある場合が多いのです。大勢の子どもたちと一緒に教室内にいるだけで脳が疲れ果ててしまう発達凸凹児が結構いることにほとんどの先生や親御さんそして発達凸凹児自身が気づいていません。上手に特別支援学級やオアシスルーム（教室外の学習室）や特別支援学校などを活用するとよいはずです。そうすれば脳・身体がそれほど疲弊せずに学習や社会性の伸びが期待できます。

特別支援教育が進む道は全ての子どもたちが将来仕事ができる大人へと成長していくための道です。神田橋先生は「人類みな発達障害」と言われています。そう言われてみると確かに私自身も凸凹がありますし、大抵の人が得意なことと不得意なことを抱えていますよね。ともかくまずは学校の先生も親御さんもお医者さんも支援者すべてが自分自身の発達凸凹に気づくことが大切です。そしてこれまでの自らの凸凹体験を踏まえて、目の前のお子さんがどのような身体世界を生きているのか想像していただけるとよいのではないでしょうか。

 身体世界。他人の身体世界は、想像するのが難しいんですよね。でも誰かを育てるという仕事においては必須なのでしょうね。

 そのためにも自閉っ子の手記はもちろん、神田橋先生や長沼先生や岩永先生などの「どうしたら発達障害の子どもたちを発達させていけるのか」について教えてくれる本を読んでみられることをお勧めしています。

子どもたちが持って生まれた資質を開花させていくためには、「役に立っている自分体験」が必要です。子どもたちが明日を楽しみに待てるような生活が送れるよう、先生方や親御さんやお医者さんや支援者の方々全てに特別支援教育の活用方法を知っていただきたいと思います。

社会《みんな》の中で生きられる子

今回、愛甲さんのお話をおききして、愛甲さんが問題を解決する筋道としては

1 がみがみではない
2 身体的アプローチ
3 納得をもたらす

のあたりが重要なのかな、と理解しました。そして当事者の「主観」を大事にしていらっしゃることも印象に残りました。それがどのようなものか想像するところからセラピーを始めていらっしゃることが印象に残りました。

どのようにアプローチするかは、支援者それぞれのスタイルがあるでしょうし、その人なりの強みを活かした支援スタイルが尊重されるべきだろうと思いますけれど。

私がかつて哲学に熱中していた頃、人間相互の主観から紡ぎ出されたルールの網の目が道徳であって、時代や社会や文化が違えば、当然、道徳も違っていいはずだと考えていました。

しかし、最近になって、Moral＝道徳（社会ルール）が時代や社会や文化によってそうたやすく変化してよいものであるのかどうかについて疑問を感じるようになっています。

たとえば独裁政権下でのMoralは、独裁者の「俺ルール」ではありますが、それが果たして独裁政権下の市民も同じくMoralと了解しているのかといったら、そうではない場合が多いのではないか、市民は心の奥底では独裁者の「俺ルール」に対して憤りを感じているのではないかと気づいたからです。近年、世界各国で独裁政権が倒され、民主主義社会が新たに誕生していますが、それが何よりの証拠なのではないでしょうか。

近年に入って、身分制度が廃止されて、子どもでも大人でも老人でも、障害があってもなくても、人類みな同等の人権があるという理念が打ち出されるようになりました。

では、道徳とは、どのような人間相互の姿勢から生まれてくるものなのでしょうか。

それってごくシンプルなことだと思うのです。

A　相手を大切にすること

B　自分を大切にすること

C　自分が相手だったらどのような気持ちになるか、相手の身になって考え想像することただこれだけです。

「自閉症スペクトラムの人は『俺ルール』で生きているけど、障害者だから大目にみてあげてほしい」とか、「てんかんの人は時々意識を失って交通事故を起こすけど、障害者だから大目にみてあげてほしい」とか言われた場合、これは被害者と加害者両方の人権を無視した不条理な言い草になっているように感じませんか。

どのような障害があっても大人であれば罪を償うのは当然だし、意味もなく人を殺してはいけないし、相手も自分も傷つけてはいけないはずです。

てんかんの人が交通事故を起こさないためには、服薬の決まり・法の決まりを守ることです。

自閉症スペクトラムの人が加害者にならないためには、できれば子どものうちに「道徳」を身につけることです。どうして子どものうちかと言いますと、自己が確立する前であれば、それほど力まずに道徳を学び教え合うことができるからです。

人間は学習する動物です。

自分が大切にされたことがない人は、相手を大切にすることができません。

相手を大切にするためには、自分が大切にされた身体記憶が必要です。

自閉っ子が道徳を学びづらいのは、関係性の構築がひどく遅れることから、自分が大切にされた経験をうまく身体記憶と結びつけて学習できていないから、というのが理由の一つにあげられると思います。

感覚統合などの身体への働きかけが道徳教育に欠かせない理由は、それが自閉っ子にとって「心地よい体験」だからでしょう。

赤ちゃんにとって、お母さんとの愛着関係は本来であれば「心地よい体験」であるはずなのに、自閉っ子にとっては「心地悪い体験」として身体に記憶されていることが多いのです。感覚統合は、それまでに歪んだ形で学習されてきてしまった愛着関係を負から正に転換させるうえで大きな力を発揮します。

毛布ブランコや芸術療法や整体など感覚を活性化させ安心を与える働きかけによって、親から大切に世話をされていた時の身体記憶が蘇ってきます。

体は嘘をつきませんので、心地よい身体記憶として愛着関係が軌道修正されることで、自閉っ子たちは、自分が大切にされていたことを了解することができるようになります。

自閉っ子の道徳教育にどうして感覚統合や芸術体験などの身体と結びついた働きかけが必要なのか、その理由がわかっていただけたのではないでしょうか。

優れた療育の方法は色々あり、適性に応じてそれを組み合わせることで状態の改善が図れることはずいぶん知られてきました。

けれどもどのようないい療育方法を知識として知っていても、最初に「この子たちを社会《みんな》の中で生きている人間に育てる」という意識を欠いていては、役に立ちません。そしてその役に立たない知識の取得に終始することが、専門性を高めることになってしまっては、療育も特別支援教育も、社会の役に立つものにはなりません。

障害のある人を支援することが、社会正義と相反するものでは社会が受け入れるはずがありません。支援がそういうものになってはいけない。それが私の抱いてきた思いでした。けれどもこの本を通じ、それぞれの立場で、「社会《みんな》の中で生きる」子どもを育んでいらっしゃる方々の姿をお伝えできたと思います。それは一人の社会人としても、心強くそしてうれしいことでした。

ありがとうございました。

まずはー
環境を整える
Tシャツ
パンツ
くつ下
パジャマ

そして
学びやすい方法を使い
歩く
ムスバーガー
お買い物
おうち

体感に配慮する
感触の
良い枕で
寝ている

身体を動かす

自分のものと
まずは自分の分を食べる
他人のものとのー
区別をつけることを
リビングのTVは—チャンネル権がなく
×
教えてあげて
自分の部屋のTVはOK!
時にはー
ママがラーメン作ってあげてるわよ
恩に着せるのも支援です

でも君のことが
好きだよと
ムギュッ
伝え続けることー
人間が大好きな人間は
社会《みんな》の中で生きていける

登場人物

優ままさん

優君（高校生・ADHDという診断あり）のお母さん。発達障害の療育に関する地域活動にも参加している。

瀧澤久美子さん

養護学校教諭を経て、横浜市の障害児・者の地域支援に長年携わる。現在は横浜市社会福祉協議会、障害者支援センターのあんしん統括マネージャーとして「親亡きあとの安心な暮らし」を支える後見制度作りにも参加している。

賢ママさん

二人の発達障害を持つ子ども（長男は学習障害・次男は自閉症）のお母さん。自身も、アスペルガー障害の診断を受けている。家に帰ると高齢者介護も抱える一人の主婦。講演講師などを務める機会も多く、精神科医の佐々木正美医師との講演の機会もある。

うめさん

まる君（重度知的障害を伴う自閉症という診断を受けている）のお母さん。啓発など､地域活動にも積極的にかかわってきた。現在は仕事と子育てを両立させている。

愛甲修子さん

臨床心理士・言語聴覚士。千葉大学大学院にて障害児教育を学ぶ。現在は千葉県教育委員会特別支援教育専門家チーム委員。スクールカウンセラー。共著に「心に沁みる心理学」「発達障害は治りますか？」等がある。

聞き手＝浅見淳子

編集者。（株）花風社 代表取締役社長

● 著者紹介 ●

社会《みんな》の中で生きる子どもを育む会

長年発達障害の当事者・保護者との交流を重ねてきた花風社を中心に研究者・支援者などの有志で作った勉強会。障害があっても、福祉の世界の枠にとどまることなく一般社会で生きる力を持った子どもを育む活動に寄与することが目標。

自閉《じへい》っ子《こ》のための道徳入門《どうとくにゅうもん》

2012年6月26日 第一刷発行
2019年1月11日 第二刷発行

著者：　社会《みんな》の中《なか》で生《い》きる子《こ》どもを育《はぐく》む会《かい》

装画・マンガ：小暮満寿雄

デザイン：　土屋 光

発行人：　浅見淳子

発行所：　株式会社 花風社
〒151-0053 東京都渋谷区代々木 2-18-5-4F
Tel：03-5352-0250　Fax：03-5352-0251
E-mll：mail@kafusha.com　URL：http://www.kafusha.com

印刷・製本：新灯印刷株式会社

ISBN978-4-907725-84-6